MATTHEW EVANS

Eingemacht

MATTHEW EVANS

Eingemacht

Marmeladen, eingelegtes Gemüse, getrocknete und kandierte Früchte & mehr

EDEL

Inhalt

Wenn man wie wir inmitten der Natur lebt, dann wird das tägliche Essen durch die Jahreszeiten bestimmt, durch das, was die Natur hervorbringt. Dabei haben wir in den Erntemonaten meist von einzelnen Obst- oder Gemüsesorten mehr als genug. Das betrachten wir als Geschenk, denn es ermöglicht uns, Lebensmittel zu konservieren, die uns in der kalten Jahreszeit erfreuen.

Dieses Buch ist eine Ode unserer Fat Pig Farm an den Überfluss der Jahreszeiten. In den Erntephasen verbringen wir viel Zeit an Herd und Ofen und machen uns dabei die Fülle zunutze, um für andere Tage vorzusorgen. Überwältigt von reifen Früchten, etwa Bergen von Rhabarber, haben wir Wege gefunden, das zu konservieren, was wir gezielt anpflanzen und was in unserer Nähe wächst.

Dieses Buch wendet sich nicht nur an Hobbygärtner, sondern an alle, die ihre Liebe zu gutem Essen mit uns teilen und wissen möchten, wie sie es haltbar machen können. Es ist auch eine Hilfe für Freeganer, die die Gegend nach Obstbäumen und -hecken durchkämmen, die nicht abgeerntet werden, um den eigenen Lebensunterhalt möglichst unabhängig vom Konsum zu decken. Es spricht auch Köche an, die ihren Gästen selbst gezogene, schmackhafte Zutaten servieren möchten: Jeder kann Zwiebeln für ein ganzes Jahr einmachen oder Apfeldicksaft für Pfannkuchen herstellen. Kleine Gerichte mit selbst eingelegten Pickles als Beilage sind immer willkommen. Eine Käseplatte wird durch eingemachte Kirschen aufgewertet, das Frühstückstoast wird mit selbst gemachter Herrenmarmelade zum Genuss, und eine Portion Eiscreme ist mit Stachelbeer-Sauerkirsch-Sirup aus der eigenen Küche einfach unwiderstehlich.

Nutzen Sie dieses Buch als Inspirationsquelle. Experimentieren Sie mit den Aromen der Früchte und stimmen Sie Ihre Konfitüren, Ihren Garten, die Böden Ihrer Region und Ihren Gaumen aufeinander ab. Unser Piccalilli etwa ist nur eine Variation, abhängig davon, welches Gemüse gerade erntereif ist. Ein voller Vorratsschrank ist ein sicheres Zeichen für ein bodenständiges Leben, in dem gut vorgesorgt wird. Und wir zeigen Ihnen das Beste, das die Fat Pig Farm zu bieten hat.

DAS 1 X 1 DES EINMACHENS

In der heutigen Zeit erscheint es gänzlich unnötig, Obst und Gemüse selbst einzulegen, schließlich kann man Konfitüre, Ketchup und saure Gurken an jeder Ecke kaufen. Aber wenn Sie erst einmal ein selbst gemachtes Ketchup oder sonnengereifte eingemachte Erdbeeren gekostet haben, werden Sie den Unterschied schätzen lernen.

Natürlich müssen Sie all diese Dinge nicht selbst zubereiten, aber Sie können! Es sind keine technischen Raffinessen erforderlich und die eigentliche Zubereitung ist nicht schwierig. Und schon eine kleine Menge selbst gemachter Senf, Obstsirup oder Marmelade kann zahlreiche Gerichte verfeinern.

Dies ist das Buch – und das sind die Rezepte –, die Ihnen zeigen, wie's funktioniert.

ALLGEMEINES

Wenn Sie eine Beschäftigung für Regentage suchen, wenn Sie Ihre Ernte (oder die anderer) lagern, einmachen und aufbewahren wollen, oder wenn Lebensmittel gerade Saison haben, dann gibt es ein paar – ja, lästige, alte – Regeln zu beachten. Aber mit etwas traditionellem Knowhow geliert Ihre Konfitüre zuverlässig, Ihre Sauce gärt nicht, Ihr Obst schimmelt nicht. Wenn Sie nur eine Handvoll Regeln beachten, ist der Erfolg in der Küche Ihnen sicher. Sie können sie auch ignorieren, aber auf eigenes Risiko!

Wir geben Ihnen Tipps an die Hand, um Gläser und Flaschen zu sterilisieren, um den Gelierpunkt von Gelee zu bestimmen und um zu vermeiden, dass sich in Ihrer Konfitüre Zuckerkristalle bilden. Wenn Sie diese Tricks beherrschen, entwickeln Sie später Ihre eigenen Techniken und Handgriffe, aber wenn Sie ein Neuling im Bereich „Sachen in Gläser füllen und Monate später erst essen" sind, dann lohnt es sich, zunächst alles genau zu lesen. Bei neuen Rezepten ist es auch nicht verkehrt, das alte Wissen wieder aufzufrischen, sodass das kleine Extra an Aufwand zu einem Überfluss an Vorräten führt.

STERILISIEREN

Das ist eine ernste Sache. Im Zeitalter des Tiefkühlens vergessen wir oft, wie Schimmel und Keime gedeihen, wenn man sie gewähren lässt. Sie können Obst und Gemüse konservieren, indem Sie Sauerstoff ausschließen (durch dicht schließende Schraubdeckel), Säure zufügen (für eingelegtes Gemüse) oder indem Sie Zucker bzw. Salz zugeben. Zusätzlich müssen sie mit peinlich sauberen Utensilien arbeiten sowie die Gefäße, Deckel und Gummiringe kurz vor dem Befüllen sterilisieren.

ERHITZMETHODE

(Die Spülmaschine ist ein guter Ausgangspunkt.) Hitze tötet Keime, die Ihr Eingemachtes geschmacklich beeinträchtigen oder sogar zerstören können. Wollen Sie nur wenige Gläser sterilisieren, legen Sie diese inklusive Verschlüsse in einen Topf mit Wasser. Die Gläser müssen sich vollständig unter Wasser befinden. Kochen Sie das Wasser auf und lassen Sie es 10 Minuten köcheln. Das tötet sämtliche Mikroorganismen zuverlässig ab. Der einzige Nachteil bei dieser Methode ist das Herausnehmen der Gefäße aus dem kochenden Wasser, aber dafür gibt es spezielle Küchenzangen. Das Gute daran ist, dass die Gläser bereits vorgewärmt sind, wenn die heißen Zutaten eingefüllt werden. Kalte Gläser könnten dabei platzen.

Gespirrspüler mit sehr heißer Spültemperatur eigenen sich ebenfalls zum Sterilisieren.

Die heißen Gefäße dürfen nicht auf einen kalten Untergrund gestellt werden, da sie sonst platzen können. Stellen Sie sie immer auf ein Holzbrett oder ein sauberes Geschirrtuch. Sind die Gläser bis zum Befüllen wieder abgekühlt, sollten sie möglichst mit warmem Wasser wieder angewärmt werden.

MIKROWELLENMETHODE

Bitte keine Metalldeckel in die Mikrowelle geben, das kann das Gerät ruinieren! Aber Gläser können gut in der Mikrowelle sterilisiert werden, da Hefepilze und Bakterien abgetötet werden. Gläser und nicht-metallene Deckel eine Minute auf höchster Stufe in die Mikrowelle geben.

CHEMISCHE METHODE

Es gibt einige frei verkäufliche Chemikalien zum Sterilisieren wie Natriummetabisulfit/Natriumdisulfit (in Apotheken erhältlich), die Mikroorganismen abtöten. Die meisten werden in Wasser aufgelöst und für einige Minuten in die Behälter gefüllt. Viele Köche meiden jedoch diese Chemikalien, da das Sterilisiermittel auch gute Bakterien abtötet. In Babymärkten oder Apotheken finden Sie Sterisilisiertabletten für Fläschchen.

PASTEURISATIONSMETHODE

Neben Sterilisieren können Gläser auch durch Pasteurisieren keimfrei gemacht werden, aber nur in wenigen Fällen. Dieser Begriff ist den meisten in Zusammenhang mit Milch bekannt. Dabei wird ein Produkt erhitzt, um es von Mikroben zu berfreien und so haltbar zu machen. Die Dauer und Temperatur hängt von dem jeweiligen Lebensmittel ab. Fleisch und Fisch beispielsweise müssen sehr stark erhitzt werden, damit sie keimfrei sind, und das lässt sich zu Hause nur schwer bewerkstelligen.

Mit Obstsirup, Gemüse oder Pickles gelingt es aber problemlos. Die meisten Zubereitungen in diesem Buch benötigen allerdings gar keine Pasteurisierung, besonders, wenn sie heiß abgefüllt und sofort verschlossen werden. Wenn doch einmal pasteurisiert wird, dann, um einen Gärprozess zu stoppen oder zu verhindern und die Lagerung außerhalb des Kühlschranks im Vorratsschrank zu ermöglichen.

Um etwas zu pasteurisieren, verschließen Sie die Zubereitung luftdicht im Glas oder in der Flasche, je nach Rezept. Stellen Sie die Behälter in einen großen Topf. Ich lege ein Geschirrtuch auf den Boden, damit die Gläser nicht in direktem Kontakt mit der Hitzequelle stehen. Den Topf mit Wasser füllen. Bei manchen Früchten muss das Wasser die kompletten Behälter bedecken, bei anderen nicht. Das Wasser in der Temperatur des Glasinhalts einfüllen, damit nichts zerbricht. Das Wasser bei mittlerer Hitze zum Kochen bringen, die Hitze reduzieren und 1–2 Stunden köcheln lassen, je nach Rezept. Die Gläser im Wasser abkühlen lassen, damit sie sicher herausgenommen werden können. Herausheben, abtrocknen, etikettieren und in den Vorratsschrank stellen.

ZEITEN ZUM PASTEURISIEREN

750-ml-Flasche gekochte Sauce: *45–60 Minuten*

750-ml-Flasche Passata: *2 Stunden*

1-Liter-Flasche: *15 Minuten zusätzlich*

LAGERN

Die Regeln sachgerechter Lagerung sind den meisten Köchen geläufig. Hitze und Licht sind die größten Feinde fast aller Produkte, deshalb ist ein kühler, trockener Ort zum Lagern ideal. Die Raumluft sollte zirkulieren können, damit sich kein Schimmel bildet. Ein trockener Keller ist perfekt, da die Temperatur annähernd konstant ist und selten über 10–12 °C steigt. Auch ein Vorratsschrank oder -raum ohne Fenster, der nicht zu warm wird, ist geeignet. Unsere empfohlenen Lagerzeiträume gehen von einem kühlen und dunklen Vorratsschrank im Haus aus.

GLÄSER UND FLASCHEN

Sie können jedes Glas verwenden, das luftdicht verschlossen und sorgfältig gereinigt werden kann. Im Allgemeinen ist ein Glas mit einer großen Öffnung und rund 300 ml Fassungsvermögen ideal. Das ist genau die richtige Menge für eine geöffnete Portion. Auch bei den Flaschen bevorzugen wir solche mit einer großen Öffnung, besonders für Passata und Ketchup, in Notfall (Bier-)Flaschen mit Bügelverschluss. Nachteil dieser Flaschen ist, dass die Sauce schwer herausläuft und man die Lebensmittel in dunklem Glas nicht sehen kann. (Passata beispielsweise schimmelt, wenn die angebrochene Flasche zu lange im Kühlschrank steht.)

Gläser und Flaschen verwenden wir immer wieder, sofern die Schraubdeckel noch luftdicht schließen und die Glasränder unbeschädigt sind. Für Konfitüre, Marmelade und Kompott benutzen wir auch klassische Einmachgläser (Weckgläser) oder solche mit Bügelverschluss.

FLAVOUR FRESH
CIDERMUSTARD
PICALILLI
PICALILLI
PICALILLI
PICALILLI
TOMATO... SAUCE
TOMATO SAUCE
Raspberry Jam
Raspberry Jam

dried apricot
lemon cordial

KONFITÜRE

Hmm, leckere Konfitüre. Diese simple Mischung aus Obst und Zucker. Wie schwierig ist das wohl?

Es ist verführerisch einfach und gleichzeitig trügerisch schwierig. Aus bestimmten Früchten, etwa aus Aprikosen, können Sie auch mit wenig Erfahrung eine passable Konfitüre hinbekommen, eine sehr gute Konfitüre sogar! Doch wie gelingt eine perfekte Erdbeerkonfitüre mit dem heiklen Gelierpunkt und dem hitzesensiblen, flüchtigen Aroma? Das ist schon etwas schwieriger.

Doch keine Sorge! Das Gute ist, dass Ihre Konfitüre wie keine andere schmeckt. Sie entwickeln von Mal zu Mal mehr Routine und jeder Freund wird mehr als begeistert sein, wenn er ein Glas Konfitüre aus Ihren Händen testen darf – selbst wenn diese nicht ordentlich geliert ist.

Es gibt ein paar Kniffe, um Ihre Konfitüre so gut wie möglich zuzubereiten. Hier ist eine kleine Liste von Dingen, die unseres Erachtens wirklich wichtig sind.

DER TOPF

Ach, der Topf? Ja, der Topf! Sie können Konfitüre in jedem Topf kochen. Doch für eine wirklich gute Konfitüre ist ein Topf mit schwerem Boden oder ein Marmeladentopf sehr hilfreich. Der Grund ist, dass die Hitze sich schnell und gleichmäßig im Kochgut verteilen soll. Niedrige Ränder sorgen dafür, dass überschüssige Feuchtigkeit schnell verdampft und entweicht.

Marmeladentöpfe haben eine weite Öffnung mit gut leitendem Boden und bestehen aus Edelstahl oder Kupfer. Die besseren Töpfe sind recht schwer, sodass die Wärme sich gleichmäßig ausbreitet.

Durch die konische Form lässt sich die Konfitüre gut rühren, gleichzeitig kann Flüssigkeit schneller verdampfen.

Sie können auch einen normalen Topf mit weiter Öffnung und schwerem Boden benutzen.

WAS GENAU UNTERSCHEIDET KONFITÜRE, MARMELADE, GELEE, EINGEMACHTES UND KOMPOTT?

Seit 2003 gilt in Deutschland die sogenannte Konfitürenverordnung. Demnach besteht eine Konfitüre aus Zucker und Früchten, die keine Zitrusfrüchte sind. Gelee ist ein Aufstrich, der aus Fruchtsaft und Zucker hergestellt ist. Eine Marmelade besteht nur aus Zitrusfrüchten. Für selbst zubereitete Aufstriche gibt es keine Bennenungsregelung. Und Konfitüre, die in Deutschland zubereitet und verkauft wird, darf auch Marmelade genannt werden. Soweit alles klar? Ein Kompott ist ein gezuckertes, stückiges oder püriertes Fruchtmus. Und Eingemachtes ist quasi alles andere, was zwecks Haltbarmachung in ein Glas oder eine Flasche gefüllt wird.

Ein kurzer Hinweis zu Kupfertöpfen: Sie sind nur lebensmittelecht, wenn Zucker mit im Topf ist. Vorgekochte Früchte (wie bei Marmelade) dürfen erst nach der Zuckerzugabe in den Kupfertopf gefüllt werden.

WEITERE UTENSILIEN

Außer dem Topf gibt es noch ein paar andere Dinge, die zum Kochen einer guten Konfitüre von Vorteil sind. Das eine ist ein Teigschaber. Für meine Freundin Michelle, die bei der Zusammenstellung der Rezepte in diesem Buch geholfen hat, ist ein Teigschaber das beste Rührwerkzeug. Er ist biegsam und hitzebeständig. Die Spitze kratzt nicht am Topfboden, aber man spürt genau, wie weit die Konfitüre ist. Setzt sie bereits am Boden an? Dickt sie ein? Wie stark kocht sie weiter unten? Erstaunlich, wie der Schaber zum Koch „spricht".

Ein anderes hilfreiches Utensil ist ein Marmeladentrichter: ein Edelstahltrichter mit weiter Öffnung. Damit können Sie Konfitüre oder Gelee ohne Kleckern in Gläser füllen.

Sollten Sie sich fürs Geleeeinkochen begeistern, ist ein Passierbeutel, auch Marmeladensieb genannt, eine gute Investition. Das Gewebe ist wahlweise fein, mittel oder grob. Bis dahin können Sie jedoch auch ein Passiertuch, ein Musselintuch oder zur Not sogar ein sauberes (Leinen-)Geschirrtuch benutzen.

DIE FRÜCHTE

Das Wesentliche beim Einkochen von Konfitüre ist, so viel Charakter, Duft und Geschmack wie möglich von der jeweiligen Frucht zu erhalten. Vielleicht möchten Sie Himbeerkerne entfernen oder die Erdbeeren kleiner schneiden, doch am wichtigsten ist es, dass Sie erstklassige, aromatische Früchte verwenden. Vollreifes Obst hat den besten Geschmack. Nichtsdestoweniger schmeckt Konfitüre mit etwas Säure besser, die in nicht ganz reifen Früchten enthalten ist. Diese Säure trägt auch zum Gelieren bei. Die perfekte Konfitüre bestünde also teils aus reifen und fast-reifen Früchten. Ich rechne so, dass maximal ein Viertel der Früchte noch nicht ganz reif sein darf. Falls Ihnen nur vollreife Früchte zur Verfügung stehen, sollten Sie Gelierzucker zu Hilfe nehmen.

Bei uns enthalten Früchte, die nach Regen geerntet wurden, sehr viel Feuchtigkeit. Weil sich dadurch sich die Einkochzeit verlängert, machen wir diese Früchte nicht ein. Doch benutzen Sie das nicht als Ausrede! Heimische Früchte mit hohem Wassergehalt sind immer noch besser, als gar keine Konfitüre zu kochen.

DER ZUCKER

Gut, Zucker ist doch nur Zucker, richtig? Ja und nein. Für viele eingemachte Früchte ist normaler Zucker gut geeignet. Doch beim Einkochen von Konfitüre ist entscheidend, wie sich der Zucker auflöst und wie lange das dauert.

In der Regel sollte er sich schnell auflösen (aber nicht bei zu starker Hitze, denn das führt später zur Kristallbildung). Während der Zucker sich auflöst, kochen die Früchte schon. Sollten diese sehr empfindlich sein, sind sie schnell verkocht und verlieren an Geschmack.

Es gibt zwei Methoden, um das Auflösen des Zuckers zu beschleunigen. Bei der einen wird der Zucker vorgewärmt, sodass er näher an der Zieltemperatur ist. Bei der anderen lässt man die Früchte im Zucker ziehen (siehe unten). Am besten ist es, die Konfitüre zunächst auf mäßiger statt hoher Hitze zu kochen. Dabei ständig rühren, bis der Zucker aufgelöst ist. Dann die Hitze erhöhen, sodass die Mischung sprudelnd kocht und zügig geliert.

Einige Konfitüren sollten besser mit Gelierzucker gekocht werden. Auch Anfänger erzielen so beste Ergebnisse. Sie können auch leicht löslichen feinsten Zucker verwenden, der sich schnell auflöst.

SAFT ZIEHEN LASSEN

Wenn man das geputzte Obst und den Zucker vermengt und beiseitestellt, passiert zweierlei: Der Zucker entzieht den Früchten Feuchtigkeit, verändert ihre Textur, und er löst sich gleichzeitig auf. Viele Marmeladenkocher legen die Früchte eine oder zwei Stunden oder sogar über Nacht ein, um eine bessere Textur zu erhalten. Eine Konfitüre geliert sanfter, wenn die Früchte bereits Saft gezogen haben, deshalb sollten Sie diese Methode ruhig einmal ausprobieren.

RÜHREN

Eine gute Konfitüre wird möglichst die ganze Zeit gerührt, während der Zucker sich auflöst und danach noch regelmäßig. So verteilt sich die Hitze im Kochgut und die Konfitüre setzt nicht am Topfboden an – was der erste Hinweis darauf ist, dass Früchte und Zucker zu stark erhitzt werden. Wenn Sie einen Silikonteigschaber verwenden und damit über den Topfboden streichen, merken Sie sofort, wie weit die Konfitüre ist. Sie können den Effekt der Wärme fühlen und wie fest die Konfitüre schon ist, während Sie die Hitze gleichmäßig in der Konfitüre verteilen.

GARZEITEN

Jede Fruchtsorte hat ihre individuelle Garzeit. Weiche Früchte zerfallen schneller als feste. Deshalb brauchen Zitrusfrüchte mit Schalenstücken länger als eine Himbeerkonfitüre. Normalerweise sollte eine Konfitüre weniger als 15 Minuten kochen, es sei denn, es ist in der Anleitung anders angegeben. Eine Aprikosenkonfitüre zum Beispiel kann nahezu ohne Beeinträchtigung etwas länger kochen.

GELIEREN UND GELIERMITTEL

Marmeladen, Konfitüren und Gelees müssen gelieren. Das geschieht, wenn Zucker, Früchte und Pektin so ausgewogen sind, dass die fertige Konfitüre nicht mehr flüssig ist. Für den Geliertest stellt man ein Tellerchen ins Gefrierfach, nimmt den Topf vom Herd und gibt einen Löffel Kochgut auf den kalten Teller und wartet 30 Sekunden. Wenn sich beim Drücken mit dem Finger Falten bilden, dann ist der Gelierpunkt erreicht. Man kann den Gelierpunkt auch mit einem Zuckerthermometer ermitteln. Konfitüre geliert bei 105 °C.

Ich persönlich bevorzuge die manuelle Methode, da man dabei auch die Farbe beurteilen kann, die ein wichtiges Qualitätsmerkmal ist. Dasselbe gilt auch für Gelees. Begutachten Sie die Falten im Gelee auf dem kalten Tellerchen und fahren Sie mit der Fingerkuppe darüber.
Das perfekte Gelieren ist die hohe Kunst des Konfitürekochens. Der Aufstrich darf nicht fest und gummiartig sein, sodass er auf dem Brot schwer zu verteilen ist. Ist das Ergebnis zu flüssig, taugt es noch als Sauce. Ich persönlich mag lieber etwas flüssigere Gelees und Konfitüren als zu feste. Das Gelieren der Konfitüre hängt von mehreren Faktoren ab. Zum einen vom Zucker: Ist er in ausreichender Menge im Saft aufgelöst, dickt er beim Abkühlen an. Die Fruchtsäure tut ein Übriges: Früchte mit viel Säure gelieren besser. (Bei vielen Rezepten in diesem Buch geben wir darum Säure in Form von Zitronensaft hinzu, damit die Konfitüre besser geliert.)

Das Fruchtfleisch selbst ist verantwortlich für eine mehr oder weniger feste Konfitüre, je nachdem wie faserig bzw. wässrig es ist. Und dann ist da noch das Pektin, ein magischer Inhaltsstoff von Früchten, der – in ausreichendem Maß vorhanden – sie willig gelieren lässt. Das Gute ist, dass man Pektin und Säure isoliert zufügen kann. Pektin ist in vielen Supermärkten erhältlich, und zwar als Apfel- oder Zitruspektin. Oder Sie kaufen gleich den sogenannten Gelierzucker, das ist weißer Zucker mit Pektinzusatz und Säuerungsmittel.

Konfitürekochen ist ein chemisches Phänomen. Ebenso wie ein Kuchen kann auch eine Konfitüre misslingen, wenn die Mengenanteile nicht stimmen. Finden Sie, das Rezept enthält zu viel Zucker und wollen etwas weglassen? Achtung, dann wird die Konfitüre nicht nur weniger süß, sie ist auch flüssiger und muss länger gekocht werden. Zucker unterstützt außerdem die Wirkung von Pektin. Verwenden Sie also weniger Zucker, hat das eventuell unerwartete Auswirkungen. Nicht zuletzt konserviert Zucker hervorragend. Zuckerreduzierte Konfitüre neigt eher zur Schimmelbildung.

WAS TUN, WENN DIE KONFITÜRE SCHLECHT GELIERT?

Zu flüssige oder zu feste Konfitüre ist kein toller Erfolg, aber auch keine Katastrophe. Ist sie zu fest, können Sie sie im Topf noch einmal kurz erhitzen und etwas Wasser oder Saft zugeben und wieder abfüllen.

Wenn sie zu flüssig ist, benutzen Sie sie doch einfach als süße Fruchtsauce für Milchshakes, auf Eiscreme, in Joghurt oder Quark. Eine flüssige Konfitüre schimmelt schneller als feste, deshalb haben Sie ein Auge darauf.

MENGEN NICHT VERDOPPELN

Die wenigen wichtigen Schritte des Einkochens können nicht abgekürzt werden. Verdoppeln oder verdreifachen sie die Zutatenmenge, dann verlängert sich die Zeit, bis die Fruchtmasse durch und durch erhitzt ist und kocht, was der Qualität des Endprodukts schadet. Das Abkühlen, also das Gelieren dauert ebenfalls länger, was einen Verlust von Geschmack und Aroma bedeutet. Kochen Sie besser zwei Portionen nach Rezept als eine doppelte. Wenn wir unbedingt einmal größere Mengen kochen müssen und Zeit sparen möchten, benutzen wir zwei Töpfe parallel, aber wir verdoppeln nie die Menge in einem Topf.

OBST EINKOCHEN

GLÄSER & UTENSILIEN

Wir verwenden gern traditionelle große Einmach- und Weckgläser. Sie haben einen austauschbaren Einkochring aus Gummi, einen wiederverwendbaren Deckel und Klammern oder einen Bügelverschluss. Es sind dicke Gläser, deren Öffnung fast so groß wie das Glas selbst ist. Sie sind stabil und es gibt sie in vielen verschiedenen Größen, je nach Kochgut. Wie sie die Gläser sterilisieren, lesen Sie auf Seite 10 nach.

Zum Kochen benutze ich einen alten kupfernen Einkochtopf, der sehr hoch ist und einen fest schließenden Deckel hat. Das Wasser kann nur bis auf Höhe der Gläser eingefüllt werden, ansonsten läuft es aus einem seitlichen Loch heraus. Es gibt eine Vorrichtung für ein Thermometer, um die Temperatur zu prüfen und die heißen Gläser nehme ich mit einer Küchenzange heraus.

DIE REGELN

Die Regeln sind sehr unkompliziert. Versuchen Sie, so viele Früchte so eng wie möglich in einem Glas zu platzieren, dass die Inhalte für sich selbst sprechen und im Regal toll aussehen.

Fügen Sie nur eine kleine Menge Zucker zu oder gar keinen, wenn Sie das mögen.

Achten Sie darauf, die Früchte so zu schichten, dass sie möglichst keine Luftblasen einschließen, nachdem Sie das Wasser eingefüllt haben. Nur wenn die Früchte komplett in der Flüssigkeit liegen, können sie sicher konserviert werden.

Füllen Sie die Flüssigkeit bis etwa 1 cm unter den Glasrand ein, sodass sie sich beim Einkochen (und Pasteurisieren) noch ausbreiten kann, aber wenig Luft übrig bleibt. Prüfen Sie, ob die Gläser nach dem Pasteurisieren luftdicht verschlossen sind. Ansonsten sollten Sie in den Kühlschrank gestellt werden und bald aufgebraucht werden.

WAS – WIE – WARUM?

Einkochen ist eine tolle Methode, um eine große Menge Obst zu konservieren. Die meisten Obstsorten, aber auch Tomaten, können in Gläsern eingekocht werden. Füllen und schichten Sie so viele Früchte wie möglich ins Glas, füllen Sie es mit Wasser auf, verschließen Sie es luftdicht und kochen Sie es ein. Das ist alles. Nach dem Köcheln (Pasteurisieren) stellen Sie es in den Vorratsschrank.

Beschädigte Früchte sollten niemals eingekocht werden. Sie beginnen zu gären, und das wäre zu schade. Verarbeiten Sie reife oder fast reife Früchte und kochen Sie gleich viele auf einmal ein. Die Rezepte bilden nur einen Anhaltspunkt. Anders als bei Konfitüre können sie ohne Risiken Energie und Zeit sparen, wenn Sie zumindest einen großen Einkochtopf füllen.

PICKLES

WAS WIRD SAUER EINGELEGT?

Sie können fast jedes Gemüse sauer einlegen, manche Sorten eignen sich jedoch besser als andere. Wir haben mit Erfolg Kapuzinerkressesamen und Pilze eingelegt. Man kann Zucchini, Brokkoli, Karotten, alles Mögliche eben, aber die Verwendungsmöglichkeiten sind beschränkt.

ESSIG

Essig ist ohne Zweifel die wichtigste Zutat für Pickles. Es gibt eine so große Auswahl an Essigsorten, dass Sie gerne mischen können.

Nur ganz billiger Essig, etwa Branntwein- oder Zuckerrohressig, ist meist eine schlechte Wahl. Er ist am Gaumen aggressiv, hat keinen eigenen Charakter und kann selbst der besten Zutat ihre Freude rauben.

Wir benutzen meist Apfelessig aus Cidre und kaufen (oder verwenden unseren eigenen) Weinessig, weiß oder rot, je nach Rezept. Doch Vorsicht – manchmal ist ein sehr aromatischer Essig, wie der Apfelessig unserer Nachbarn, zu aromatisch für Pickles. In dem Fall ist ein durchschnittlicher Weinessig am besten geeignet. Was lecker im Salatdressing ist, ist nicht zwangsläufig der beste zum Einlegen. Geeignete Essigsorten (und das ist eine gute Nachricht) finden Sie heutzutage in jedem Supermarkt.

Einer Sache können Sie sich sicher ein: Ein schlechter Essig führt zu einem schlechten Pickle! Deshalb sollten Sie nicht zu sparsam sein.

SAUCEN

FLASCHEN

Wir nehmen am liebsten Glasflaschen, weil sie nicht mit der Säure reagieren, wiederverwertbar sind und daher umweltverträglich. Im Abschnitt über Konfitüre (Seite 10) können Sie alles über das Sterilisieren von Flaschen nachlesen.

REIFUNG

Der Geschmack der meisten Saucen wird mit der Zeit intensiver. Selbst Tomatenketchup wird aromatischer, wenn er eine Weile abgefüllt ruht. Der beste, den wir je hergestellt haben, hat vor der Verwendung 2 Jahre gereift. Er wurde zwar dunkler, aber die Aromen hatten sich verbunden und der Geschmack war im Wortsinne ausgereift.

Für jedes Rezept geben wir eine Empfehlung. Wenn Sie der Versuchung widerstehen können, etwas nicht kurz nach dem Zubereiten bereits zu öffen, dann kann es nur gewinnen. Beispielsweise weisen Worcestershire-Sauce, Pilzsauce oder Barbecue-Sauce nach einem Jahr wesentlich mehr Aroma auf – was Ihnen wiederum erlaubt, im nächsten Jahr noch ein paar Flaschen mehr einzumachen.

KAPITEL EINS

Konfitüre & Marmelade

Konfitüre. Schon der Name lässt uns das Wasser im Mund zusammenlaufen, so wie eine gute Konfitüre auf einem frischen Brötchen mit Butter. Eine gute Konfitüre steht für ein bewusstes, gutes Leben. Wenn Sie keine leckere Konfitüre im Schrank haben, dann essen Sie nicht so gut, wie Sie könnten. Bei so vielen Konfitürekochern auf der ganzen Welt und auch einigen guten Konfitüren im Supermarkt, gibt es für Mittelmäßigkeit keine Ausrede.

Eine leckere Konfitüre zu kochen zählt zu den einfachsten und schwierigsten Dingen gleichermaßen. Sie besteht im Prinzip nur aus Zucker und Früchten. Im Ernst. Aber eine Konfitüre perfekt hinzubekommen, gleicht einem Kunstwerk (auf den ersten Seiten dieses Buchs finden Sie wertvolle Tipps). Konfitürekochen ist eng mit dem Wechsel der Jahreszeiten verbunden. Sie fangen die Sommersonne und die Herbstdüfte im Glas ein. Sie konservieren die Essenzen aus dem Garten, von Hecken, Sträuchern und Bäumen.

Konfitüre ist mehr als nur ein Brotaufstrich. Sie ist ein Spiegel Ihres Lebensstils und beschreibt Ihre Beziehung zu Lebensmitteln und zum Essen allgemein.

Vielleicht ist sie aber auch nur etwas Süßes, das Sie den Kindern nach der Schule anbieten, oder Ihrer besseren Hälfte, bevor sie zur Arbeit eilt. Was auch immer sie Ihnen bedeutet, Konfitüre ist wichtig genug, um ihr ein ganzes Kapitel zu widmen.

ERDBEERKONFITÜRE

DIE REGELN

Wir alle lieben Erdbeerkonfitüre, nicht wahr? Verzweifeln Sie trotzdem nicht, wenn sie einmal misslingt. So lange Sie sie nicht zerkochen, schmeckt sie immer noch fantastisch, auch wenn Sie zu flüssig ist. Für Pfannkuchen, Crêpes und Waffeln ist eine etwas flüssigere Konsistenz manchmal sogar besser geeignet.

TIMING

Erdbeeren gehören zu den empfindlichsten Früchten überhaupt. Sie verkochen schnell, ihre ideale Garzeit beträgt nur 8 Minuten. Sie haben richtig gelesen: 8 Minuten. Verkochen führt dazu, dass die Früchte Geschmack und Farbe einbüßen. Sie können sie länger kochen, aber das bedeutet auf jeden Fall einen Qualitätsverlust. Nur für die Pimm's-Version (siehe Seite 32) verwenden wir keinen Gelierzucker, sondern kochen sie länger.

GELIEREN

Das ist bei der kurzen Garzeit problematisch. Es ist recht unwahrscheinlich, dass eine Konfitüre in 8 Minuten geliert, doch das ist die Garzeit für eine gute Erdbeerkonfitüre. Deshalb geben viele gern etwas Pektin zu (in der Regel im Gelierzucker, der Pektin enthält, siehe Seite 17). Das ist wahrscheinlich die einfachste Zubereitung. Wenn ich gezwungen bin, mich für eine längere oder kürzere Garzeit zu entscheiden, dann wähle ich die kürzere Zeit, weil mir das Aroma über alles geht, nicht die Konsistenz. Und auch wenn die Konfitüre zu flüssig fürs Toast ist, zu Eiscreme oder Vanillepudding schmeckt sie allemal!

KLASSISCHE ERDBEERKONFITÜRE

ERGIBT ETWA 1,8 KG

- 1 kg Erdbeeren, mit einigen leicht unreifen Früchten ist die Mischung perfekt
- 900 g Gelierzucker 1:1, erwärmt (siehe Seite 17)
- Saft von 2 Zitronen

Sieben 300-ml-Gläser spülen und sterilisieren (siehe Seite 10).

Die Erdbeeren entstielen und halbieren. In einem schweren Topf auf mittlerer Stufe erhitzen und rühren, bis der Zucker aufgelöst ist. Dann den Zitronensaft zugießen und den Herd auf sehr hohe Stufe stellen. Die Konfitüre 8 Minuten köcheln. Vom Herd nehmen und den Geliertest machen (siehe Seite 18). Im Idealfall ist die Konfitüre mittlerweile geliert und kann in die Gläser gefüllt werden. Falls nicht, noch einmal auf hoher Stufe 2 Minuten köcheln, dann vom Herd nehmen und erneut eine Gelierprobe machen.

Sollte die Konfitüre immer noch nicht geliert sein (wenn Gelierzucker verwendet wurde, sollte es der Fall sein), haben Sie die Wahl: Füllen Sie sie in Flaschen und verwenden Sie die leuchtend rote, duftende Sauce anderweitig. Oder Sie lassen die Konfitüre weiterköcheln und verzichten dafür auf den frischen Geschmack und die helle Farbe. Sie haben es als Koch in der Hand.

In den Vorratsschrank räumen und nach dem Öffnen im Kühlschrank lagern.

SOMMERLICHE ERDBEERKONFITÜRE

ERGIBT ETWA 1,5 KG

- 1 kg Erdbeeren, entstielt und halbiert
- 450 g Zucker
- Saft von 1 Zitrone

In einem alten amerikanischen Rezept bin ich darüber gestolpert, dass Konfitüre in der Sonne gekocht wird. Das schwierigste dabei ist, die Ameisen fernzuhalten. Für diese Konfitüre braucht man einen glühend heißen Sonnentag, ansonsten muss man eben mogeln und die Mischung ein paar Stunden im warmen Ofen garen. Diese Konfitüre bringt den frischen Geschmack der Früchte optimal zu Geltung und es besteht keine Gefahr, die Erbeeren zu zerkochen, wie bei herkömmlichen Konfitüren. Das Endprodukt enthält wenig Zucker, deshalb muss sie sofort im Kühlschrank gelagert werden.

Fünf 300-ml-Gläser spülen und sterilisieren (siehe Seite 10).

Alle Zutaten in einem Topf mit schwerem Boden bei mittlerer Hitze unter häufigem Rühren zum Kochen bringen. Sobald es kocht, den Topf vom Herd nehmen. Die Erdbeeren samt Saft in eine Auflaufform füllen und mit Frischhaltefolie abdecken. Die Folie mehrmals mit einer feinen Spitze einstechen und die Form insgesamt 8–24 Stunden in der prallen Sonne stehen lassen. Ein Passiertuch eignet sich ebenfalls zum Abdecken, allerdings sollte man sichergehen, dass kein Ungeziefer eindringen kann. Alle 2–3 Stunden die Frischhaltefolie abnehmen und umrühren. Wenn die Konfitüre am ersten Tag noch nicht geliert ist, die Form über Nacht ins Haus stellen. Am nächsten Tag wieder in die Sonne stellen.

Wenn die Konfitüre fertig ist, fühlt sich ein Tropfen zwischen Daumen und Zeigefinger klebrig an und ein durchgezogener Löffel hinterlässt für 2–3 Sekunden eine Spur.

Alternativ die Konfitüre 1–2 Stunden im auf 120 °C vorgeheizten Ofen garen, bis sie eine sirupartige Konsistenz aufweist.

Im Kühlschrank aufbewahrt hält sie sich mindestens 4 Monate.

ERDBEERKONFITÜRE MIT PIMM'S

ERGIBT 1,8 KG

Sicherlich waren Sie bis heute davon überzeugt, dass Sie Ihr Lieblingsrezept für Erdbeerkonfitüre schon längst gefunden hatten. Nun, geben Sie einen Schuss Pimm's zu und probieren Sie!

- 1 kg geputzte Erdbeeren
- 850 g Zucker
- 80 ml Zitronensaft
- 30 ml Pimm's No 1

Sechs 300-ml-Gläser spülen und sterilisieren (siehe Seite 10).

Die Erdbeeren entstielen und große Früchte halbieren. Den Backofen auf 100 °C vorheizen.

Die Erdbeeren mit Zucker und Zitronensaft in einen Topf mit schwerem Boden geben. Auf mittlerer Stufe erhitzen, dabei ständig rühren, bis die Erdbeeren Saft ziehen. Wenn der Zucker aufgelöst ist und viel Saft vorhanden ist, die Hitze erhöhen und alles schnell zum Kochen bringen. Dann die Konfitüre auf kleiner Stufe 20–30 Minuten köcheln lassen. Vom Herd nehmen und die Gelierprobe machen (siehe Seite 18). Einige Minuten ruhen lassen, damit der Schaum sich setzen kann. Den verbliebenen Schaum mit einem Metalllöffel entfernen.

Den Pimm's einrühren und sofort in die vorgewärmten Gläser füllen und verschließen. Die Gläser 15 Minuten zum weiteren Sterilisieren in den Ofen stellen. Abkühlen lassen und im Vorratsschrank lagern. Nach dem Öffnen in den Kühlschrank stellen.

SCHWARZE JOHANNISBEER-KONFITÜRE

ERGIBT 1,8 KG

1 kg Schwarze Johannisbeeren, vor dem Entstielen gewogen
750 g Zucker

Dies ist eine feste, reichhaltige Konfitüre, die nach mehr schmeckt. Das würzige Aroma der Schwarzen Johannisbeeren verführt dazu, sie dick aufs Brötchen zu streichen. Manchmal ist weniger mehr, und schon ein Teelöffel davon in einer Glasur kann einer Torte einen anderen Charakter verleihen. Beim Kochen von Schwarzer Johannisbeerkonfitüre gibt es einen Trick: Kochen Sie die Beeren zunächst mit Wasser, bevor Sie den Zucker zugeben, ansonsten wird die Konfitüre zu fest.

Sechs 300-ml-Gläser spülen und sterilisieren (siehe Seite 10).

Die Johannisbeeren von den Stängeln zupfen und mit 200 ml Wasser in einen Topf mit schwerem Boden geben. Auf hoher Stufe zum Kochen bringen, dann auf kleiner Stufe 10 Minuten köcheln lassen, bis die Beeren weich sind. Es ist besser, wenn sie zu weich als zu hart sind, sonst enthält die Konfitüre harte Schalenstückchen.

Den Zucker einrieseln lassen, auf höhere Stufe stellen und unter Rühren zum Kochen bringen. Die Hitze soweit reduzieren, dass die Konfitüre 30 Minuten sanft köchelt, dabei häufig rühren, bis die Gelierprobe ein gutes Ergebnis liefert (siehe Seite 18). Behalten Sie die Konfitüre schön im Blick, sonst ist sie schneller aufgegessen, als sie gekocht ist.

In die vorgewärmten Gläser füllen, verschließen und im Vorratsschrank lagern. Nach dem Öffnen im Kühlschrank aufbewahren.

BIRNENKONFITÜRE MIT KARDAMOM

ERGIBT 2 KG

Konfitüre besteht nicht nur aus Sommerfrüchten. Diese herbstlichen, mit Kardamom gewürzten Birnen ergeben eine köstliche, wärmende Mischung, die perfekt zu Sauerteigbrot passt.

- Ca. 1,5 kg Birnen, entkernt, geschält und klein geschnitten, sodass sich 1 kg Birnenstücke ergeben
- Zesten und Saft von 2 Zitronen
- 800 g Zucker
- 10 Kardamomkapseln, zerstoßen und in einem Musselinbeutel oder Tee-Ei verstaut

Sieben 300-ml-Gläser spülen und sterilisieren (siehe Seite 10).

Alle Zutaten in einem Topf mit schwerem Boden auf mittlerer Stufe erhitzen. Unter ständigem Rühren kochen, bis der Zucker aufgelöst ist. Die Hitze soweit reduzieren, dass die Konfitüre 30 Minuten sanft köchelt, dabei häufig rühren.

Vom Herd nehmen und die Gelierprobe machen (siehe Seite 18). Bei Bedarf weiterköcheln, bis die Konfitüre geliert ist. Den Kardamombeutel oder das Sieb herausnehmen und den Kardamom über der Konfitüre ausdrücken. Umrühren, dann in die vorgewärmten Gläser verteilen und im Vorratsschrank lagern. Nach dem Öffnen in den Kühlschrank stellen.

HERBSTKONFITÜRE

ERGIBT ETWA 2 KG

- 500 g Birnen
- 500 g Äpfel
- 500 g Zwetschgen
- Zesten und Saft von 1 Zitrone
- 1-cm-Stück frische Ingwerwurzel, zerdrückt
- 1,2 kg Zucker

Endlich ein Rezept für Fallobst! Pflaumen sammeln wir oft am Wegesrand und die Äpfel stammen aus unserem Obstgarten. Ein englisches Sprichwort besagt übersetzt: „Pflanze Birnen für deine Erben" – aber unsere Bäumen tragen so reichlich, dass es bereits für uns alle reicht. Dabei sollten sie nur für meinen Sohn sein.

Sieben 300-ml-Gläser spülen und sterilisieren (siehe Seite 10).

Birnen und Äpfel entkernen und schälen. Die Pflaumen entkernen und alle Früchte in Stücke schneiden. Alles mit Zucker und Zitronensaft und -zesten sowie dem Ingwer in einen Topf mit schwerem Boden geben und andrücken. So viel Wasser zugießen, dass das Obst nicht ganz bedeckt ist. Auf hoher Stufe zum Kochen bringen, dann die Konfitüre auf kleiner Stufe 30 Minuten köcheln lassen, bis die Früchte weich sind.

Den Ingwer herausnehmen (wer es würzig mag, reibt ihn vorher fein und belässt ihn in der Mischung) und den Zucker zufügen. Rühren, bis der Zucker aufgelöst ist, dann die Hitze erhöhen und alles zum Kochen bringen. 15 Minuten sprudelnd kochen, dann vom Herd nehmen und die Gelierprobe machen (siehe Seite 18).

In die vorgewärmten Gläser füllen und verschließen. Bis zum Öffnen im Vorratsschrank lagern, danach in den Kühlschrank stellen.

APRIKOSEN-KONFITÜRE AUS TROCKENFRÜCHTEN

ERGIBT ETWA 2,5 KG

Die Geschmacksintensität getrockneter Früchte ist mit frischen nicht zu vergleichen.

- 500 g getrocknete Soft-Aprikosen
- 2 Zimtstangen
- 1 kg Zucker
- 2½ EL Zitronensaft

Neun 300-ml-Gläser spülen und sterilisieren (siehe Seite 10).

Die Aprikosen in eine Schüssel mit 1,5 Litern Wasser geben und über Nacht einweichen.

Die Aprikosen mit dem Wasser in einen großen Topf mit schwerem Boden geben und die Zimtstangen zufügen. Auf mittlerer Stufe zum Kochen bringen. Die Hitze soweit reduzieren, dass die Konfitüre 15 Minuten sanft köchelt, dabei gelegentlich rühren, bis die Aprikosen schön weich sind.

Zucker und Zitronensaft zufügen und die Hitze erhöhen. Die Mischung zum Kochen bringen, dabei ständig rühren. Die Hitze wieder reduzieren, sodass die Konfitüre 40 Minuten sanft köchelt, gelegentlich umrühren.

Vom Herd nehmen und die Gelierprobe machen (siehe Seite 18). Die Zimtstangen entfernen. Die Konfitüre in die vorgewärmten Gläser füllen und diese verschließen. An einem kühlen, trockenen Ort lagern (bzw. nach dem Öffnen im Kühlschrank), bis Sie die Konfitüre auf einem Croissant oder einem anderen buttrigen Gebäck genießen können.

BROMBEER-KONFITÜRE

ERGIBT GUT 1,5 KG

- 1 kg Brombeeren
- 900 g Zucker
- Saft von 2 Zitronen

Eine gute Brombeerkonfitüre ist etwas besonders Feines für einen kleinen Preis. Brombeeren sammeln wir am Wegesrand, und oft pflücken wir so viele, dass wir sie gar nicht alle essen können. Schon mit ein paar Gläsern Konfitüre kommen Sie durchs ganze Jahr. Brombeeren enthalten mitunter sehr wenig Pektin, sodass Sie Pektin zufügen müssen oder Gelierzucker verwenden müssen. Ich lasse es immer drauf ankommen und verwende flüssige Konfitüre als Sirup. Mit ein paar Blättern Minze und einer Prise Muskatnuss geben Sie der Konfitüre besonderen Pfiff. Mir schmeckt auch ein frisches Lorbeerblatt darin.

Sechs 300-ml-Gläser spülen und sterilisieren (siehe Seite 10).

Die Brombeeren putzen und mit dem Zucker in eine Schüssel oder einen Topf geben. Mindestens 6 Stunden oder über Nacht Saft ziehen lassen. Feste Früchte vorher mit einem Kartoffelstampfer leicht zerdrücken.

Die Brombeer-Zucker-Mischung und den Zitronensaft in einem schweren Topf auf mittlerer Stufe erhitzen. Die Hitzezufuhr etwas erhöhen und alles 5 Minuten köcheln. Den Topf vom Herd nehmen und etwa ein Drittel der Konfitüre durch ein Sieb streichen, um einen Teil der Kerne zu entfernen. Das ist nicht unbedingt nötig, aber empfehlenswert.

Die Konfitüre zurück auf den Herd stellen und auf hoher Stufe weitere 5 Minuten sprudelnd kochen. Gelegentlich rühren und die Gelierprobe (siehe Seite 18) machen. Die Konfitüre sollte jetzt nahezu fertig sein. Falls nötig, kann sie noch ein paar Minuten gekocht werden.

In vorgewärmte Gläser füllen, verschließen und im Vorratsschrank lagern. Nach dem Öffnen im Kühlschrank aufbewahren.

APFEL-ZITRUS-GELEE

ERGIBT ETWA 2 KG

750 g Bio-Zitronen, leicht abgebürstet
1 kg Äpfel
1 kg Zucker

Dies ist die unschlagbare Kombination von Apfel und Zitrone, bei der Zitronenschalenstreifen in aromatischem Apfelgelee eingebettet sind.

Sieben 300-ml-Gläser spülen und sterilisieren (siehe Seite 10).

Die Zitronen auspressen, dann die Schale in feine Streifen schneiden, möglichst ohne die weißen Schalenbestandteile. Membranen und Kerne aufheben und in einen kleinen Beutel aus Passiertuch geben.

Für den Apfelsaft die Äpfel grob kleinschneiden. Sie brauchen weder geschält noch entkernt zu werden, nur braune Stellen müssen weggeschnitten werden. Die Äpfel in einen Topf geben, zusammendrücken und nicht ganz mit Wasser bedecken. Zitronensaft und die Pressrückstände im Beutel zugeben. Auf hoher Stufe zum Kochen bringen, dann die Mischung auf kleiner Stufe etwa eine Stunde köcheln lassen. Das Mus in ein Küchensieb geben, das mit Passiertuch ausgelegt ist und über einer Schüssel hängt. Über Nacht abtropfen lassen.

Inzwischen die Zitronenschale in einen kleinen Topf geben, mit Wasser bedecken und zum Kochen bringen. Die Hitze reduzieren und so lange köcheln, bis die Schale weich ist. Das dauert etwa 30 Minuten. Vom Herd nehmen und etwas abkühlen lassen. Dann abdecken und über Nacht ruhen lassen.

Die Schalenstreifen abseihen. Zitrusschale und Apfelsaft in einen Topf mit schwerem Boden geben. Den Zucker zufügen und auf mittlerer Stufe unter Rühren auflösen. Die Hitzezufuhr erhöhen und die Marmelade unter häufigem Rühren 15 Minuten kochen, bis der Gelierpunkt erreicht ist (siehe Seite 18).

In vorgewärmte Gläser füllen und verschließen. Bis zum Öffnen im Vorratsschrank lagern, danach in den Kühlschrank stellen.

DREIFRUCHT-MARMELADE

ERGIBT ETWA 2,5 KG

- 3 Bio-Orangen, vorsichtig abgebürstet
- 2 Bio-Grapefruits, vorsichtig abgebürstet
- 4 Bio-Zitronen, vorsichtig abgebürstet
- 2,25 kg Zucker

Diese Zitrusmarmelade besticht durch ihre Bernsteinfarbe, und das ausgewogene Verhältnis von Süße und Säure mit einem zartbitteren Aroma. Die Schalenstreifen verleihen der Sache genau den richtigen Biss. Dick auf Toast mit Butter gestrichen und mit einer dampfend heißen Tasse Kaffee oder Tee ist diese Marmelade ein Gedicht. Davon kann man gar nicht genug bekommen.

Neun 300-ml-Gläser spülen und sterilisieren (siehe Seite 10).

Alle Früchte vierteln, dann jedes Viertel komplett in feine Scheiben schneiden, eventuelle Kerne entfernen. Feine Streifen sind für Marmelade in der Regel besser, aber ich mag ab und zu auch dickere darin. Die Scheiben in einen großen Topf geben und knapp mit Wasser bedecken. Auf hoher Stufe zum Kochen bringen, dann die Marmelade auf kleiner Stufe etwa 45 Minuten köcheln lassen, bis die Schalen weich sind. Vom Herd nehmen, den Topf abdecken und über Nacht ruhen lassen.

Am nächsten Tag die Früchte samt Saft in einen Topf mit schwerem Boden geben und auf mittlerer Stufe erhitzen. Den Zucker zufügen und rühren, bis der Zucker aufgelöst ist. Die Hitzezufuhr erhöhen und die Marmelade 30 Minuten kochen. Vom Herd nehmen und die Gelierprobe machen (siehe Seite 18). In die vorgewärmten Gläser füllen und verschließen. An einem kühlen, dunklen Ort hält sich die Marmelade bis zu 2 Jahre. Nach dem Öffnen in den Kühlschrank stellen.

QUITTEN-ZITRONEN-MARMELADE

ERGIBT ETWA 1,5 KG

In Griechenland gibt es fantastische Quittenkonfitüre, in unserer Version wird ein wenig Zitronenschale mit Kardamom dazugemixt. Der erste Kochsud sollte für Gelee oder Paste genutzt werden, denn er duftet betörend.

Fünf 300-ml-Gläser spülen und sterilisieren (siehe Seite 10). Den Backofen auf 150 °C vorheizen.

Die ganzen Quitten mit 1 Liter Wasser und 2 Esslöffeln Zucker in eine Auflaufform geben. Mit Backpapier abdecken und mit Alufolie verschließen, dann 3 Stunden im vorgeheizten Ofen backen. Die Quitten unbeschädigt mit einem großen Löffel aus dem Sud heben. Den Sud aufbewahren, um daraus Quittengelee zu machen (siehe Hinweis). Die Quitten abkühlen lassen.

Während die Quitten im Ofen garen, die Zitronen auspressen. Die Schalenhälften in einen kleinen Topf geben, mit Wasser bedecken und eine Stunde köcheln lassen, bis sie ganz weich sind. Abgießen. Die Schale in sehr feine Streifen schneiden, die inneren Membranen entsorgen.

Das Kerngehäuse aus den abgekühlten Quitten entfernen. Da Quitten manchmal harte Stellen haben, sollte man das Fruchtfleisch durch ein grobes Sieb streichen.

Das Quittenmark abwiegen und mit derselben Menge Zucker, den Zitrusstreifen, dem Kardamom und 500 ml Wasser in einen Topf mit schwerem Boden geben. Den Zitronensaft zugießen und alles auf mittlerer Stufe erhitzen. Den Zucker einrieseln lassen, die Hitze erhöhen und alles unter Rühren zum Kochen bringen. Die Hitze soweit reduzieren, dass die Konfitüre 10 Minuten sanft köchelt, dabei häufig rühren, bis der Gelierpunkt erreicht ist (siehe Seite 18). In vorgewärmte Gläser füllen, verschließen und im Vorratsschrank lagern. Nach dem Öffnen im Kühlschrank aufbewahren.

- 1 kg Quitten, noch leicht unreife Früchte sind ideal
- ca. 800 g Zucker
- 2 Bio-Zitronen (möglichst Meyer-Zitronen), abgebürstet
- ¼ TL Kardamomsamen

QUITTENGELEE

Aus dem Quittensud können Sie ein Gelee herstellen, dafür dieselbe Menge an Zucker und einen Spritzer Zitronensaft zufügen und etwa eine Stunde (oder länger) köcheln lassen, bis der Gelierpunkt (siehe Seite 18) erreicht ist. In sterilisierte Gläser füllen.

CHILIKONFITÜRE

ERGIBT ETWA 500 G

- 500 ml Pflanzenöl, zum Frittieren
- 135 g rote Schalotten, längs in Streifen geschnitten
- 100 g Knoblauchzehen, in feine Scheiben geschnitten
- 3 EL getrocknete Garnelen, abgespült und abgetropft
- 10 getrocknete große rote Chilischoten, entkernt
- 3 Scheiben gut abgebürsteter Galangal (Thai-Ingwer) aus dem Asia-Shop, alternativ Ingwerwurzel
- 1 Messerspitze Shrimp-Paste, geröstet
- 3 EL feiner Palmzucker
- 2 EL Tamarindenwasser (siehe unten)
- 1–2 EL Fischsauce

TAMARINDENWASSER

Sie können Tamarindenwasser ganz einfach selbst herstellen. Dafür 2 Esslöffel Tamarindenmark in sehr wenig kochendem Wasser auflösen. Die abgekühlte Mischung durch ein Sieb streichen, die Rückstände entsorgen und den bräunlichen Sud verwenden.

Dies ist eine Chilikonfitüre im Thai-Stil, die wunderbar zu pfannengerührten Muscheln und Garnelen passt. Sie schmeckt auch gut als Beize von Brathähnchen und im Papayasalat. Die getrockneten Garnelen verleihen der Konfitüre einen vollen Geschmack. Vor dem Servieren sollte man ein wenig frischen Limettensaft einrühren. Ich selbst liebe die Konfitüre zu asiatischen Eierspeisen wie Krebsfleischomelett oder Spiegeleier auf Reis. Wenn Sie keine Eier zur Hand haben, dann tut es auch eine Schüssel frisch gekochter Jasminreis.

Zwei 300-ml-Gläser spülen und sterilisieren (siehe Seite 10).

Das Öl in einem Wok oder einem kleinen Topf auf mittlerer oder hoher Stufe erhitzen. Nacheinander rote Schalotten, Knoblauch, Garnelen und Chilischoten darin frittieren. Die Schalotten sollten goldbraun sein, der Knoblauch etwas heller und Garnelen und Chilis braun, aber nicht zu dunkel. Den Galangal frittieren, bis er zu bräunen beginnt. Alles jeweils mit einem Schaumlöffel herausheben. Das Öl noch aufbewahren.

Die frittierten Zutaten und die Shrimp-Paste in einer Küchenmaschine mixen. So viel Frittieröl zufügen (etwa die Hälfte), dass sich die Konsistenz einer Paste ergibt. Die Paste in einem mittelgroßen Topf zunächst auf mittlerer Stufe erhitzen, dann auf kleine Stufe stellen und köcheln lassen. Mit Palmzucker, Tamarindenwasser und Fischsauce abschmecken und etwa 15 Minuten köcheln, bis sich eine Konfitürenkonsistenz ergibt. Beim Abkühlen dickt die Masse noch ein.

Die abgekühlte Konfitüre in sterilisierte Gläser füllen und sofort verwenden oder bis zu 3 Monate im Kühlschrank aufbewahren.

TOMATENKONFITÜRE IM SÜDOSTASIEN-STIL

ERGIBT ETWA 400 G

Diese saftige Tomatenkonfitüre ähnelt einer Chilikonfitüre im Thai-Stil. Sie schmeckt köstlich zu Eiern, Fisch oder Muscheln sowie in Wokgerichten. Der Palmzucker gibt der Konfitüre die nötige Komplexität, während die getrockneten Garnelen eine zusätzliche Geschmacksnote beisteuern. In Asia-Shops findet man alle nötigen Zutaten.

- 400 g Tomaten, gehackt
- 1 EL Erdnuss- oder Pflanzenöl
- 3 Knoblauchzehen, zerdrückt
- 50 g frittierte Schalotten (knusprig gebratene rote Schalotten)
- 2 EL getrocknete Garnelen, abgespült und abgetropft
- 1 getrocknete rote Chilischote, entkernt, 15 Minuten eingeweicht und gehackt
- 40 g Palmzucker, grob zerkrümelt
- 2 EL Fischsauce
- 1 EL Tamarindenwasser (siehe Seite 45), alternativ Limettensaft

Ein oder zwei 300-ml-Gläser spülen und sterilisieren (siehe Seite 10).

Die Tomaten in einem Topf bei geringer Hitze auf die Hälfte einkochen.

Öl, Knoblauch, frittierte Schalotten, getrocknete Garnelen und Chilischote im Standmixer grob pürieren. Die Tomaten zufügen und glatt pürieren. Die Mischung zurück in den Topf geben und Palmzucker, Fischsauce und Tamarindenwasser einrühren. Weiterrühren, bis der Zucker aufgelöst ist.

Die Konfitüre sollte süß, sauer und leicht salzig zugleich sein. Tomaten können sehr unterschiedliche Aromen haben, deshalb würzen Sie die Konfitüre ganz nach Ihrem Geschmack.

Im Kühlschrank aufbewahrt hält sich die Konfitüre bis zu einen Monat.

GRÜNE-TOMATEN-KONFITÜRE

ERGIBT ETWA 1,8 KG

- 1 kg grüne Tomaten
- 1 Bio-Zitrone, geviertelt und in feine Scheiben geschnitten
- 800 g Zucker
- ½ TL Salz
- 1 Vanilleschote

Dies ist eine richtige Konfitüre, es sind keine Pickles, deshalb verwenden Sie sie wirklich nur dann, wenn Sie etwas Süßes essen möchten. Wenn der Sommer sich verabschiedet, haben wir immer eine Tomatenschwemme, dieses Rezept bietet eine tolle Verwertungsmöglichkeit. Früchte, die vor dem Kälteeinbruch nicht mehr rot werden, kommen in diese Konfitüre.

Sechs 300-ml-Gläser spülen und sterilisieren (siehe Seite 10).

Jede Tomate vierteln und die Viertel quer in feine Scheiben schneiden. Tomaten, Zitronenscheiben, Zucker und Salz in eine große Schüssel geben. Gut vermischen, mit Frischhaltefolie abdecken und über Nacht Saft ziehen lassen.

Am nächsten Tag die Mischung in einen Topf mit schwerem Boden geben. Die Vanilleschote mit einem scharfen Messer längs aufschlitzen. Das Mark herauskratzen und mit der Schote in den Topf geben.

Die Mischung auf mittlerer Stufe unter Rühren zum Kochen bringen, dabei rühren. Dann die Konfitüre auf kleiner Stufe 45 Minuten köcheln lassen. Lassen Sie die Konfitüre so lange köcheln, bis sie glänzt und streichfähig ist. Die Vanilleschote entfernen. Die Konfitüre in die vorgewärmten Gläser füllen und verschließen. An einem kühlen, trockenen Ort lagern.

HINWEIS: *Die Vanilleschote kann durch einen Esslöffel frisch geriebene Ingwerwurzel ersetzt werden. (Ich persönlich bin ich kein großer Fan von Ingwer, aber er verleiht der Sache einen gewissen Kick – wenn man Ingwer mag.)*

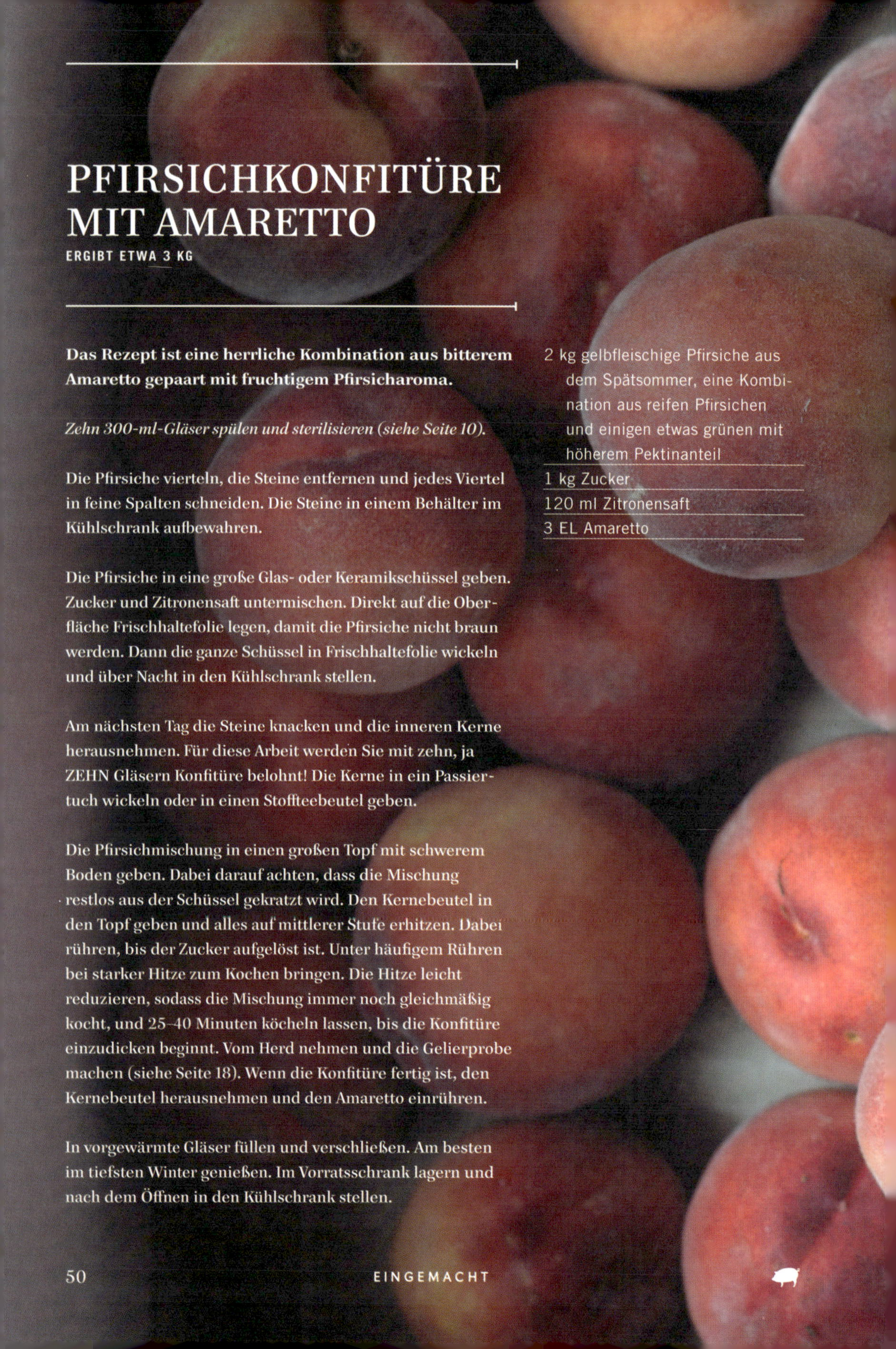

PFIRSICHKONFITÜRE MIT AMARETTO

ERGIBT ETWA 3 KG

Das Rezept ist eine herrliche Kombination aus bitterem Amaretto gepaart mit fruchtigem Pfirsicharoma.

- 2 kg gelbfleischige Pfirsiche aus dem Spätsommer, eine Kombination aus reifen Pfirsichen und einigen etwas grünen mit höherem Pektinanteil
- 1 kg Zucker
- 120 ml Zitronensaft
- 3 EL Amaretto

Zehn 300-ml-Gläser spülen und sterilisieren (siehe Seite 10).

Die Pfirsiche vierteln, die Steine entfernen und jedes Viertel in feine Spalten schneiden. Die Steine in einem Behälter im Kühlschrank aufbewahren.

Die Pfirsiche in eine große Glas- oder Keramikschüssel geben. Zucker und Zitronensaft untermischen. Direkt auf die Oberfläche Frischhaltefolie legen, damit die Pfirsiche nicht braun werden. Dann die ganze Schüssel in Frischhaltefolie wickeln und über Nacht in den Kühlschrank stellen.

Am nächsten Tag die Steine knacken und die inneren Kerne herausnehmen. Für diese Arbeit werden Sie mit zehn, ja ZEHN Gläsern Konfitüre belohnt! Die Kerne in ein Passiertuch wickeln oder in einen Stoffteebeutel geben.

Die Pfirsichmischung in einen großen Topf mit schwerem Boden geben. Dabei darauf achten, dass die Mischung restlos aus der Schüssel gekratzt wird. Den Kernebeutel in den Topf geben und alles auf mittlerer Stufe erhitzen. Dabei rühren, bis der Zucker aufgelöst ist. Unter häufigem Rühren bei starker Hitze zum Kochen bringen. Die Hitze leicht reduzieren, sodass die Mischung immer noch gleichmäßig kocht, und 25–40 Minuten köcheln lassen, bis die Konfitüre einzudicken beginnt. Vom Herd nehmen und die Gelierprobe machen (siehe Seite 18). Wenn die Konfitüre fertig ist, den Kernebeutel herausnehmen und den Amaretto einrühren.

In vorgewärmte Gläser füllen und verschließen. Am besten im tiefsten Winter genießen. Im Vorratsschrank lagern und nach dem Öffnen in den Kühlschrank stellen.

RENEKLODEN-KONFITÜRE

ERGIBT ETWA 2 KG

- 1,5 kg Renekloden
- 750 g Zucker
- Saft von 1½ Zitronen

In diesem Rezept darf die Reneklode – meine Lieblingspflaume! – voll im Rampenlicht stehen. Zunächst werden die Renekloden mit Steinen gekocht, da sie teils schwer zu entfernen sind. Vor dem Abfüllen wird die Konfitüre deshalb durch ein Sieb oder eine Passiermühle gestrichen. Renekloden waren fast in Vergessenheit geraten, doch seit einigen Jahren sind sie wieder vermehrt auf Märkten und sogar im Supermarkt zu finden. Ich mag die Konfitüre am liebsten mit möglichst wenig Zucker und bewahre sie dann eben im Kühlschrank auf. So kommt das tolle Aroma dieser Frucht am besten zur Geltung.

Sieben 300-ml-Gläser spülen und sterilisieren (siehe Seite 10).

Die Früchte in der Nähe des Steins halbieren und in eine große Schüssel geben. Mit dem Zucker bestreuen und gut vermischen. Eine Stunde an einem kühlen Ort Saft ziehen lassen. Am besten die Früchte in dieser Zeit hin und wieder durchmischen.

Alles, auch den letzten Zucker- und Saftrest, in einem Topf mit schwerem Boden stark erhitzen. Zum Kochen bringen, dann bei etwas kleinerer Hitze unter häufigem Rühren 10–15 Minuten leicht sprudelnd kochen, bis die Früchte weich sind und der Gelierpunkt erreicht ist (siehe Seite 18).

Die Konfitüre durch ein Sieb oder eine Passiermühle streichen (um die Steine zu entfernen), und möglichst zügig in vorgewärmte Gläser füllen und sofort verschließen. Da diese Konfitüre etwas weniger Zucker als üblich hat, sollten Sie sie innerhalb von 6 Monaten verbrauchen und bis dahin am besten im Kühlschrank aufbewahren. Damit die Konfitüre länger gelagert werden kann, ebenso viel Zucker wie entsteinte Pflaumen zugeben und ansonsten wie oben beschrieben zubereiten.

ORANGEN-MARMELADE MIT BRAUNEM ZUCKER

ERGIBT ETWA 3,3 KG

- 900 g Bitterorangen (Pomeranzen)
- 900 g Zucker
- 900 g brauner Zucker
- 2–3 EL Whisky

Diese süße Marmelade schmeckt am besten zum Frühstück, mit Kaffee und viel Ruhe. In der guten alten Zeit war die Tageszeitung die beste Tischgesellschaft.

Elf 300-ml-Gläser spülen und sterilisieren (siehe Seite 10).

Die Orangen heiß waschen, im Ganzen in einen großen Topf geben und vollständig mit Wasser bedecken. Auf hoher Stufe zum Kochen bringen, dann die Orangen auf kleiner Stufe 2 Stunden köcheln lassen, bis die Früchte sehr weich sind.

Die Orangen mit einem Schaumlöffel aus der Flüssigkeit heben und zum Abkühlen beiseitelegen. Den Orangensud aufbewahren. Die Orangen halbieren, Kerne und Membranen herauslöffeln und in einen kleinen Beutel aus Passiertuch geben.

Die Orangenschalenhälften durchschneiden und die so entstandenen Viertel quer nach Belieben in feine oder breite Streifen schneiden.

Den Kernebeutel in den Topf mit dem Orangensud geben. Auf hoher Stufe aufkochen und so lange köcheln, bis der Sud auf 1,5 Liter eingekocht ist.

Schalenstreifen und beide Zuckersorten zufügen und rühren, bis der Zucker aufgelöst ist. Alles in einen Topf mit schwerem Boden füllen. Den Herd wieder auf hohe Stufe stellen und sich bildenden Schaum entfernen. 30–45 Minuten kochen, bis der Gelierpunkt erreicht ist (siehe Seite 18).

Vom Herd nehmen, den Beutel herausheben, mit einer Küchen- oder Spargelzange ausdrücken und den Inhalt entsorgen. Den Whisky einrühren. In vorgewärmte Gläser füllen, verschließen und im Vorratsschrank bis zu 2 Jahre lagern. Nach dem Öffnen im Kühlschrank aufbewahren.

DIE ULTIMATIVE HIMBEERKONFITÜRE

ERGIBT ETWA 1,8 KG

Eine gelungene Himbeerkonfitüre ist eine Delikatesse. Himbeeren sind perfekt für Konfitüre und das Ergebnis ist unser absoluter Liebling auf dem Frühstückstisch. Hier werden zwei Varianten vorgestellt: eine mit einer samtigen Textur und eine mit Stückchen. Sie werden mit denselben Zutaten zubereitet, aber das Ergebnis ist etwas anders. Beachten Sie, dass Himbeeren Duft und Geschmack einbüßen, wenn sie länger als 12 Minuten gekocht werden (siehe Seite 16).

- 1 kg Himbeeren
- 900 g Zucker, leicht im Ofen erwärmt
- Saft von 1 Zitrone

Sechs 300-ml-Gläser spülen und sterilisieren (siehe Seite 10).

ZUBEREITUNG 1

Die Himbeeren mit erwärmtem Zucker (siehe Seite 17) und Zitronensaft in einen Topf mit schwerem Boden geben und stark erhitzen. Einmal pro Minute mit einem hitzefesten Teigschaber rühren (siehe Seite 18). Nach etwa 9 Minuten die erste Gelierprobe machen (siehe Seite 18). Sobald die Fruchtmasse geliert, den Topf vom Herd nehmen und sofort in vorgewärmte Gläser füllen und verschließen.

ZUBEREITUNG 2

Die Hälfte der Himbeeren mit Zucker und Zitronensaft in einen Topf mit schwerem Boden auf hoher Stufe 8 Minuten kochen.

Die restlichen Früchte zugeben, erneut aufkochen und 2 Minuten weiterkochen. Dann die Gelierprobe machen (siehe Seite 18). Wie oben in vorgewärmte Gläser füllen und verschließen.

Die Konfitüre hält sich sehr gut im Vorratsschrank, nämlich bis zu 2 Jahre. Nach dem Öffnen im Kühlschrank aufbewahren.

Himbeerkonfitüre

Rezept Seite 54

Herrenmarmelade

Rezept Seite 58

HERRENMARMELADE
(Bitterorange mit Whisky)

ERGIBT ETWA 1,8 KG

Diese Marmelade wird über zwei Tage zubereitet. Das lohnt sich, denn das Resultat ist eine zarte, wohlschmeckende, elegante Marmelade, die auch Paddington Bär erfreuen würde.

- 1 kg Bitterorangen (Pomeranzen)
- ca. 1 kg Zucker
- 1 ordentlicher Schuss Whisky

TAG 1 Die Orangen halbieren und auspressen. Die Kerne sammeln und in einen kleinen Beutel aus Passiertuch oder einen wiederverwendbaren Teebeutel geben. Die leeren Schalen halbieren, dann die so entstandenen Viertel mit einem scharfen Messer von verbliebenem Fruchtfleisch und weißer Haut befreien. Die Schale in feine Streifen oder Stücke schneiden. Die Schale mit dem Saft und dem Beutel in eine große Schüssel geben und mit 1,5 Liter Wasser übergießen. Abdecken und über Nacht in den Kühlschrank stellen.

TAG 2 Am nächsten Tag sechs 300-ml-Gläser spülen und sterilisieren (siehe Seite 10).

Schale, Sud und Beutel in einem Topf mit schwerem Boden stark erhitzen. (Dieser Schritt sollte unbedingt in einem

Es gibt Tage, viele Tage, an denen ich mich nur nach einer Tasse Tee und einem Toast mit Butter sehne. Kommt auch noch Marmelade dazu, wird es ein guter Tag.

Edelstahltopf erfolgen, nicht in einem kupfernen Marmeladentopf.) Wenn der Sud kocht, die Hitze reduzieren und etwa 1½ Stunden köcheln, bis die Schale weich ist und sich zwischen den Fingern zu Mus zerdrücken lässt.

Vorsichtig den Kernebeutel aus der Flüssigkeit heben, leicht abkühlen lassen und über dem Topf ausdrücken, da darin viel Pektin enthalten ist. Den Inhalt dann entsorgen.

Den Sud mit der Schale abwiegen und zu gleichen Teilen Zucker zugeben, also zu 500 ml Sud 500 g Zucker geben. Dann wieder zum Kochen bringen (dafür können – und sollten – Sie Ihren Kupfertopf einsetzen). Die Hitzezufuhr leicht reduzieren und die Marmelade 30–40 Minuten sprudelnd weiterköcheln lassen. Vom Herd nehmen und die Gelierprobe machen (siehe Seite 18). Den Whisky einrühren und in sterilisierte Gläser füllen.

Die Marmelade hält sich bis zu 2 Jahre im Vorratsschrank. Nach dem Öffnen im Kühlschrank aufbewahren.

BARBARAS KUMQUAT-MARMELADE

ERGIBT ETWA 2,5 KG

Meine Mutter Barbara hatte es sich angewöhnt, jedes Jahr Kumquats einzumachen. Nicht, dass sie eine ambitionierte Konfitüre-Einmacherin wäre, aber ihre Marmelade war stets ein geschätztes Mitbringsel, wenn sie zu Besuch kam. Jetzt hat sie ihr Rezept an mich weitergereicht, damit ich die Tradtion fortsetze.

- 1 kg Kumquats, heiß abgewaschen
- 1,2 kg Zucker

Neun 300-ml-Gläser spülen und sterilisieren (siehe Seite 10).

Die Kumquats in kleine Stücke schneiden und in eine Schüssel oder einen Topf geben, der zum Marmeladekochen geeignet ist. Kleine Kumquats vierteln wir einfach nur, aber man kann sie nach Belieben auch feiner schneiden. Die Früchte knapp mit Wasser bedecken und über Nacht einweichen.

Am nächsten Tag die Kumquats samt Sud in einem schweren Topf auf mittlerer Stufe erhitzen. Den Zucker zufügen und alles zum Köcheln bringen. Dabei ständig rühren, bis der Zucker aufgelöst ist. Die Hitze reduzieren und köcheln lassen, bis der Gelierpunkt erreicht ist (siehe Seite 18). Das sollte etwa 30 Minuten dauern, er kann aber schon nach 15 Minuten erreicht sein, oder erst nach 40, abhängig von den Früchten, der Temperatur und dem Topf.

Beim Köcheln die Kerne entfernen, ansonsten findet man sie spätestens auf dem Brot wieder – was auch kein Drama ist, wirklich!

Die Marmelade in vorgewärmte Gläser füllen. Bis zum Öffnen im Vorratsschrank lagern, danach in den Kühlschrank stellen. Die Marmelade schmeckt im Herbst und Winter grandios auf Früchte- oder Honigbrot.

RHABARBER-ROSEN-KONFITÜRE

ERGIBT KNAPP 2 KG

Dies ist eins der wenigen Male, bei denen ich es für besser halte, wenn Gelierzucker oder Pektin zugefügt wird, denn Rhabarber geliert von alleine sehr schlecht. Sollten Sie keine Rosenblütenblätter haben, dann rühren Sie kurz vor dem Abfüllen Rosenwasser ein.

- 1 kg Rhabarber, geschält und in 2-cm-Stücke geschnitten
- 1 kg Gelierzucker 1:1 oder 1 kg Zucker + 1 Päckchen Pektin (8 g), aufgewärmt (siehe Seite 17)
- Saft von 1 Zitrone
- 1 Vanilleschote, längs aufgeschlitzt
- 1 Handvoll duftende, nicht gespritzte Rosenblütenblätter (oder 2 EL Rosenwasser)

Sechs 300-ml-Gläser spülen und sterilisieren (siehe Seite 10).

Rhabarber, Zucker, Zitronensaft und Vanilleschote in einem schweren Topf auf mittlerer Stufe erhitzen und rühren, bis der Zucker vollständig aufgelöst ist. Die Hitze erhöhen und das Ganze unter regelmäßigem Rühren 10 Minuten kochen, bis der Gelierpunkt erreicht ist (siehe Seite 18). Bei Verwendung von Gelierzucker die Packungsanweisung beachten.

Die Rosenblütenblätter zufügen und eine Minute weiterkochen, dann vom Herd nehmen. Bei der Verwendung von Rosenwasser dieses erst kurz vor dem Abfüllen einrühren. In die vorgewärmten Gläser füllen, verschließen und bis zu ein Jahr im Vorratsschrank lagern. Nach dem Öffnen in den Kühlschrank stellen.

RÖSTAPRIKOSEN-KONFITÜRE

ERGIBT ETWA 2 KG

- 1,2 kg Aprikosen
- 770 g Zucker
- 30 g brauner Zucker
- 60 ml Zitronensaft

Für eine einfache Aprikosenkonfitüre eignet sich das Rezept für Renekloden auf Seite 52, wobei die Früchte einfach nur ausgetauscht werden. Durch das Rösten der Aprikosen mit braunem Zucker erhält die Konfitüre jedoch eine herrliche Karamellnote. Durch die Zuckermischung lässt sich der braune Zucker besser verteilen.

Sieben 300-ml-Gläser spülen und sterilisieren (siehe Seite 10). Den Backofen auf 200 °C vorheizen.

Die Aprikosen halbieren und entsteinen. Die Aprikosenhälften mit der Schnittseite nach oben möglichst eng auf ein Backblech legen. 30 g weißen Zucker mit dem braunen Zucker mischen und die Schnittflächen gleichmäßig damit bestreuen.

Die Aprikosen 20–40 Minuten rösten, bis sie an den Rändern bräunen. Die Zeit richtet sich nach Sorte und Reifegrad der Früchte.

Die Aprikosen samt ausgetretenem Saft in einen Topf mit schwerem Boden geben und den übrigen Zucker sowie den Zitronensaft zufügen. Bei geringer Hitze rühren, bis der Zucker aufgelöst ist und viel Saft ausgetreten ist.

Die Hitze auf mittlere Stufe erhöhen und die Konfitüre zum Kochen bringen. Ständig rühren, da sich Aprikosenkonfitüre leicht am Boden festsetzt.

Nach 20 Minuten die Gelierprobe machen (siehe Seite 18). In die sterilisierten Gläser füllen, verschließen und an einem kühlen, trockenen, dunklen Ort bis zu 2 Jahre lagern. Nach dem Öffnen im Kühlschrank aufbewahren.

STACHELBEER-KONFITÜRE

ERGIBT ETWA 2 KG

Auf jedem Hügel in unserer Gegend wächst Obst. Und fast alle Höfe haben Stachelbeeren, die häufig zu Konfitüre verarbeitet werden. Leider sind die Früchte etwas aus der Mode gekommen, wohl weil sie zum puren Verzehr recht sauer sind. Doch das Aroma von Stachelbeerkonfitüre ist unübertroffen. Wir behaupten sogar, dass Stachelbeeren die idealen Anfängerfrüchte sind, denn sie haben einen hohen Pektingehalt und sind so fest, dass man sie kaum zu Tode kochen kann. Wenn erst einmal ein paar Gläser in Ihrem Vorratsschrank stehen, werden Sie schnell eigene Sträucher pflanzen, um in Zukunft immer ausreichend ernten zu können.

- 1 kg Stachelbeeren, geputzt
- 1 kg Zucker, erwärmt
- Saft von 1 Zitrone

Sieben 300-ml-Gläser spülen und sterilisieren (siehe Seite 10).

Die Stachelbeeren mit 250 ml Wasser in einem Topf mit schwerem Boden (am besten kein Kupfer, da die Früchte sonst zu schnell weich werden) auf mittlerer Stufe erhitzen, bis sie köcheln. Dann die Hitze reduzieren und 15 Minuten weiterköcheln, bis die Früchte weich sind. Wenn sie einen kupfernen Marmeladentopf besitzen, die Mischung jetzt umfüllen. Zucker und Zitronensaft zufügen und rühren, bis der Zucker aufgelöst ist.

Die Hitze soweit reduzieren, dass die Konfitüre 10 Minuten gut köchelt, dann die erste Gelierprobe machen (siehe Seite 18). Es sollte weniger als 20 Minuten dauern, bis der Gelierpunkt erreicht ist. Einige Stachelbeeren entwickeln beim Kochen eine schöne Rotfärbung.

In die Gläser füllen, verschließen und bis zum Öffnen im Vorratsschrank lagern, dann im Kühlschrank aufbewahren.

Für eine delikate Stachelbeer-Holunderblüten-Konfitüre vor dem Abfüllen 3 Esslöffel Holunderblütensirup einrühren.

KAPITEL ZWEI

Gelee

Ein Gelee ist etwas ganz Besonderes. Es hat nicht den Biss einer Konfitüre. Es liegt auch nicht lange auf der Zunge. Aber es hat einen ganz besonderen Charme, wenn es auf Fleisch zerläuft, ein Brötchen fast flüchtig bedeckt oder sich an ein Stück Lamm schmiegt. Es hat etwas Elegantes und Subtiles, ohne die Bodenständigkeit von eingemachten Früchten.

Für uns ist ein Gelee ein Kunstwerk, die optimale Textur unser ganzer Stolz. Oft verarbeiten wir einige Äpfel als Beigabe im Gelee, damit es gut geliert. Sie sind aus der Region und preiswert, außerdem überlagern sie nicht den Geschmack der Hauptfrucht. Man kann Gelees zusätzlich aromatisieren oder auch nicht. Man kann sie stark gelieren oder auch nicht. Man kann sie zu Terrinen oder Fleisch servieren, eine Rehkeule damit glasieren oder fürs Dessert aufsparen – je nachdem was drin ist.

Der perfekte Gelierpunkt ist bei Gelee schwer zu bestimmen (siehe Seite 18). Aber keine Sorge, jedes Gelee, ob fest oder flüssig, findet seine Verwendung und hat seinen eigenen Reiz. Und nur wer nichts macht, macht auch keine Fehler. Mit dem Geleekochen verhält es sich wie im richtigen Leben: Der Weg ist das Ziel!

Und außerdem: Gutes Gelee im Vorratsschrank stehen für einen Koch, der es draufhat und für eine gut ausgestattete Küche.

MINZGELEE

ERGIBT ETWA 1 KG

- 1 kg Äpfel (Fallobst ist prima)
- 60 ml Apfelessig aus Cidre
- 500 g Zucker
- 1 großes Bund Minze, sehr fein gehackt

Ein selbst gemachtes Minzgelee ist das Nonplusultra, der perfekte Begleiter zum Lamm. Es schmeckt besser als jegliches Fertiggelee und zeichnet sich dadurch aus, dass es nicht künstlich grün eingefärbt ist.

Vier 250-ml-Gläser spülen und sterilisieren (siehe Seite 10).

TAG 1 Die Äpfel grob in Stücke schneiden. Entkernen und Schälen ist nicht nötig, nur braune Stellen müssen herausgeschnitten werden. Die Äpfel in einen großen Topf geben und knapp mit Wasser bedecken, etwa 1 Liter. Auf hoher Stufe zum Kochen bringen, dann die Äpfel auf kleiner Stufe eine Stunde köcheln lassen, bis sie weich sind. Dabei die Früchte mit einem Holzlöffel zerdrücken, damit sie auseinanderfallen.

Die Mischung in ein mit Passiertuch ausgelegtes Küchensieb geben, das über einer Schüssel hängt, und über Nacht abtropfen lassen.

TAG 2 Den aufgefangenen Saft abmessen. Es sollten etwa 700 ml sein; falls es nicht 700 ml sind, die Zuckermenge entsprechend anpassen. Den Saft mit dem Essig in einem Topf auf mittlerer Stufe erhitzen. Dann den Zucker zugeben und rühren, bis er aufgelöst ist. Auf hoher Stufe zum Kochen bringen, dann 10 Minuten köcheln lassen, bis der Gelierpunkt erreicht ist (siehe Seite 18). Vom Herd nehmen und die gehackte Minze einrühren. In die vorgewärmten Gläser füllen und verschließen. Beim Abkühlen die Gläser mehrmals auf den Kopf und wieder zurück stellen, damit die Minze nicht auf den Boden sinkt und dort bleibt. Das Gelee bis zu ein Jahr im Vorratsschrank lagern. Nach dem Öffnen im Kühlschrank aufbewahren.

HOLZAPFELGELEE MIT PORTWEIN

ERGIBT 1,5 KG

1,5 kg Holzäpfel	
500 g Zucker	
Saft von 1 Zitrone	
100 ml Portwein (Tawny)	

Diese Früchte sehen so schön aus! Wie perfekte rotbackige Miniäpfel. Unser Lieblingsbaum hängt voll davon und verlockt die Kleinen zum Naschen. Leider schmecken die Früchte roh überhaupt nicht. Zum Glück bleiben immer noch genug Früchte übrig, die für die Kleinen zu hoch hängen. Ein Holzapfelgelee adelt jeden Vorratsschrank. Dies ist die Fat-Pig-Farm-Version eines Klassikers.

Fünf 300-ml-Gläser spülen und sterilisieren (siehe Seite 10).

Die Holzäpfel mit Schale und Kerngehäuse halbieren oder vierteln. In einen großen Topf geben und mit Wasser bedecken. Etwa 30 Minuten kochen, bis die Früchte zu Mus zerfallen.

Die Mischung in einen Beutel aus Passiertuch oder in ein mit Passiertuch ausgelegtes Küchensieb geben, das über einer Schüssel hängt, und das Ganze über Nacht abtropfen lassen. Nicht ausdrücken, sonst wird das Gelee trüb.

Den abgetropften Saft abmessen und in einen Topf gießen. Es sollte etwa 1 Liter sein. Den Zucker auf niedriger Temperatur im Ofen erwärmen. Den Zitronensaft in den Saft rühren und die Mischung zum Kochen bringen. Den warmen Zucker zugeben. Die Hitze reduzieren und ständig rühren, bis der Zucker aufgelöst ist. Auf hohe Stufe stellen, sodass alles schnell aufkocht und 8–10 Minuten köcheln lassen. Den Portwein einrühren.

Die Gelierprobe machen (siehe Seite 18) und das Gelee in sterilisierte Gläser füllen. Im Vorratsschrank bis zu ein Jahr lagern, nach dem Öffnen in den Kühlschrank stellen.

CRAB APPLE
JELLY

BLAUBEERGELEE MIT BALSAMICO

ERGIBT ETWA 1,5 LITER

- 1,8 kg frische oder TK-Blaubeeren
- 1 kg Zucker
- 60 ml Zitronensaft
- 1 dicke Zitronenscheibe
- 60 ml Balsamico

Blaubeeren haben einen sehr niedrigen Pektingehalt, sodass sie nicht willig gelieren. Die weiße Innenhaut von Zitrusfrüchten enthält sehr viel Pektin, deshalb schneide ich vom Ende einer Zitrone eine dicke Scheibe ab und gebe sie mit in den Topf. Der Balsamico bildet ein Gegengewicht zur Süße und rundet den Geschmack ab. Sollte Ihr Gelee trotz aller Bemühungen nicht gelieren, verrühren Sie den Sirup mit Vanillepudding und machen Sie daraus ein herrliches Blaubeereis.

Fünf oder sechs 300-ml-Gläser spülen und sterilisieren (siehe Seite 10).

Die Blaubeeren in einen großen Topf geben und mit einem Kartoffelstampfer leicht zerdrücken. 250 ml Wasser zugeben und bei starker Hitze aufkochen. Die Hitze auf mittlere Stufe reduzieren und ohne Deckel 5 Minuten kochen.

Die Mischung durch ein feines Sieb in eine Schüssel abgießen und abtropfen lassen. Dies sollte 1 Liter Blaubeersaft ergeben.

Den Saft mit Zucker, Zitronensaft, Zitronenscheibe und Balsamico in einen Topf mit schwerem Boden geben. Auf mittlerer Hitze rühren, bis der Zucker aufgelöst ist. Die Hitzezufuhr erhöhen und die Mischung zum Kochen bringen. Dabei bildet sich viel Schaum auf dem Gelee. Die Kochtemperatur reduzieren, sodass es noch leise köchelt. Hin und wieder – nicht zu energisch – rühren.

Noch 15 Minuten köcheln lassen, dann vom Herd nehmen und die Gelierprobe machen (siehe Seite 18). Das Gelee etwas ruhen lassen, dann den Schaum und die Zitronenscheibe entfernen. In die sterilisierten Gläser füllen und verschließen. Bis zu ein Jahr im Vorratsschrank lagern, nach dem Öffnen im Kühlschrank aufbewahren.

QUITTEN-HONIG-GELEE

ERGIBT ETWA 2 KG

- 4 große Quitten
- 1 kg Zucker
- 100 g Honig
- 1 frischer Thymianzweig

Bei diesem aromatischen Gelee zerlaufen die Quittenstreifen zu einem süßen, dicken Sirup. Es ist schon sehr speziell: ein verlockender Brotaufstrich, aber versuchen Sie es auch einmal zu Blauschimmelkäse oder zum Glasieren von Braten.

Sieben 300-ml-Gläser spülen und sterilisieren (siehe Seite 10).

Die Quitten vierteln und entkernen. Mit Schale grob reiben, am besten mit einer Julienne-Hobel.

Zucker, Honig und 300 ml Wasser in einem großen Topf zum Kochen bringen, dabei den entstandenen Schaum regelmäßig abschöpfen. Die Quitten zugeben und 20 Minuten köcheln. Bei Bedarf erneut den Schaum entfernen. Vom Herd nehmen, den Thymian in die Quitten-Honig-Mischung tauchen und 10 Minuten ziehen lassen.

Den Thymian entfernen. Einige Blättchen lösen sich dabei, das ist aber kein Problem. Wichtig ist, dass der Stiel entfernt ist. In die vorgewärmten Gläser füllen und verschließen.

Bis zu ein Jahr im Vorratsschrank lagern. Nach dem Öffnen in den Kühlschrank stellen.

Mispelgelee
Rezept Seite 78

Mispelgelee
Rezept Seite 78

MISPELGELEE

ERGIBT 1 KG

Mispeln sind leider in den letzten Jahren in Vergessenheit geraten – ein Grund mehr, hier mein Rezept vorzustellen. Mispeln schmecken übrigens erst nach den ersten Frostnächten. Durch die Frosteinwirkung wird der Zuckergehalt erhöht und der Gerbstoffgehalt gesenkt. Auch ohne Frost lassen sich Mispeln genießen und verarbeiten. Dafür die harten Früchte ernten und 10–14 Tage lagern, sodass das Fruchtfleisch weich wird. Daraus lässt sich ein köstliches Gelee herstellen, das perfekt zu Ragouts, gebratenem Wild und Schweinefleisch passt.

- 1,8 kg Mispeln, davon etwa 1 kg nach dem ersten Frost geerntet
- Zucker (exakte Menge hängt von der Mispelernte ab)
- 1 Zimtstange
- Saft von ½ Zitrone
- 2 Streifen Zitronenschale

Vier 250-ml-Gläser spülen und sterilisieren (siehe Seite 10).

TAG 1 Die Früchte vierteln, was eine schmierige Angelegenheit sein kann, wenn die Früchte innen sehr weich sind, und in einen Edelstahltopf geben. Knapp mit Wasser bedecken und zum Kochen bringen. Die Mispeln weich kochen. Die Früchte in ein mit Passiertuch ausgelegtes Küchensieb geben, das über einer Schüssel hängt, und über Nacht abtropfen lassen. Man kann auch einen Passierbeutel (siehe Seite 16) verwenden. Keinesfalls ausdrücken, dadurch wird das Gelee trüb.

TAG 2 Die Saftausbeute abmessen. Pro 600 ml Saft 450 g Zucker abwiegen.

Den Saft in einem Topf mit schwerem Boden erhitzen und den Zucker im Backofen bei geringer Hitze erwärmen. Dann in den heißen Saft geben. Zimtstange, Zitronensaft und Schale zufügen. Zum Kochen bringen, dabei rühren, bis der Zucker aufgelöst ist, anschließend etwa 40 Minuten sanft köcheln lassen, bis der Gelierpunkt erreicht ist (siehe Seite 18). In die vorbereiteten Gläser füllen und verschließen. Bis zu ein Jahr im Vorratsschrank lagern, nach dem Öffnen im Kühlschrank aufbewahren.

BROMBEER-APFEL-GELEE

ERGIBT ETWA 1,2 KG

- 1 kg Kochäpfel, z. B. Boskoop oder Cox Orange, gewaschen
- 200 g Brombeeren
- etwa 1 kg Zucker

Die Ernte wird durch ein Passiertuch gepresst, das Ergebnis ist süß und berauschend. Wie alle Gelees, muss auch dieses über Nacht abtropfen. Planen Sie entsprechend und beginnen Sie an einem Samstag, dann sind Sie am Ende des Wochenendes fertig.

Vier 300-ml-Gläser spülen und sterilisieren (siehe Seite 10).

TAG 1 Die Äpfel komplett, mit Schale und Kerngehäuse, grob in Stücke schneiden. Die Apfstücke in einen Topf geben und knapp mit Wasser bedecken. Auf hoher Stufe zum Kochen bringen, dann auf kleiner Stufe köcheln lassen, bis die Äpfel weich sind. Dabei mit dem Rücken eines Holzlöffels drücken, damit sie auseinanderfallen. Dies dauert etwa eine Stunde.

Die Brombeeren zugeben und weitere 10 Minuten kochen, bis die Früchte gerade eben weich sind.

Die Mischung in einen Passierbeutel über einer Schüssel geben (siehe Seite 16) und über Nacht abtropfen lassen.

TAG 2 Die Rückstände aus dem Passierbeutel entsorgen und die Saftmenge ermitteln. Den Saft in einen sauberen Topf geben. Pro 100 ml Saft 60 g Zucker abwiegen und beides verrühren. Bei starker Hitze zum Kochen bringen, dann die Hitze etwas reduzieren, sodass der Saft gleichmäßig kocht, bis der Gelierpunkt erreicht ist (siehe Seite 18).

In vorgewärmte Gläser füllen, verschließen und im Vorratsschrank lagern. Nach dem Öffnen in den Kühlschrank stellen.

Dieses Gelee passt wunderbar zu Pfannkuchen und Waffeln, aber auch zu Vanillepudding. Früher habe ich es direkt aus dem Glas gelöffelt, allerdings muss ich zugeben, dass es mit etwas Schlagsahne noch besser schmeckt.

SCHLEHEN-APFEL-GELEE

ERGIBT ETWA 2 KG

1 kg Äpfel, gewaschen
1 kg Schlehen
etwa 1 kg Zucker

Bei uns in Tasmanien wird Schlehdorn meist in Hecken kultiviert, aber leider nicht in unserer Gegend, sondern eher im Norden. Wegen der spitzen Dornen sind die Beeren nicht ganz gefahrlos zu pflücken, doch mit entsprechenden Handschuhen hat man trotzdem schnell ein Kilo zusammen. Für einige Zubereitungen wie Schlehenlikör (Sloe Gin), sollten die Beeren einige Frostnächte hinter sich haben. Da wir sie fürs Gelee kochen, ist das nicht nötig. Nach dem Frost geerntete Beeren sind etwas weicher und enthalten mehr Zucker.

Sieben 300-ml-Gläser spülen und sterilisieren (siehe Seite 10).

Die Äpfel mit Schale, Kerngehäuse und allem grob schneiden. Apfelstücke und Schlehen in einen großen Topf geben und knapp mit Wasser bedecken. Auf hoher Stufe zum Kochen bringen, dann auf kleiner Stufe köcheln lassen, bis die Früchte weich sind. Falls die Schlehen nicht von alleine weich werden und zerfallen, werden sie mit einem Löffelrücken zerdrückt. Das dauert etwa eine Stunde. Keine Angst vor dem Zerkochen, bei diesem Rezept ist das kaum möglich.

Die Mischung in einen Passierbeutel über einer Schüssel füllen (siehe Seite 16) und (eventuell über Nacht) abtropfen lassen. Die Rückstände aus dem Passierbeutel entsorgen und die Saftmenge ermitteln. Die Flüssigkeit in einen sauberen Topf füllen. Pro 100 ml Saft 100 g Zucker einrühren. Bei starker Hitze zum Kochen bringen, dann die Hitze etwas reduzieren, sodass der Saft gleichmäßig kocht, bis der Gelierpunkt erreicht ist (siehe Seite 18).

In sterilisierte Gläser füllen und im Vorratsschrank lagern. Nach dem Öffnen in den Kühlschrank stellen. Schlehen-Apfel-Gelee passt gut zu Wild, Lamm und Terrinen. Es schmeckt sogar zu Hartkäse und extrem lecker zu Brie.

KAPITEL DREI

Eingekochtes Obst

Als ich nach Tasmanien zog, mietete ich eine Wohnung in Hobart. Längliche Birnen fielen von einem alten Baum auf das Dach direkt über der Wohnung. Der Gedanke daran, dass sie dort verfaulen, ließ mir keine Ruhe, deshalb durchkämmte ich die Opportunity Shops (Verkaufsläden für wohltätige Zwecke) nach Einmachgläsern und wurde reich belohnt. Jedes einzelne Glas füllte ich mit Birnen, manche aromatisierte ich mit Gewürzen, andere nicht, und so wurde ich quasi aus Versehen zum Obstkonservierer. Ein großes Glück, denn ich hatte nahezu zwei Jahre etwas von der reichen Ernte.

Konservieren ist eine wissenschaftliche Methode, aber auch eine Kunst. Selbst einmachen ist allemal besser als Früchte verfaulen zu lassen oder – der Himmel bewahre – Dosenobst zu kaufen. Die meisten unserer Rezepte sind für Kleinstmengen ausgelegt, wobei wir meist wesentlich größere Mengen einmachen und jedes Schraubglas benutzen, das sich halbwegs dafür eignet.

Versuchen Sie immer auch eine Verwendung für den leichten Sirup aus den Gläsern finden, denn er enthält das ganze Aroma der Früchte. Mit etwas zusätzlichem Zucker offen eingekocht wird aus dem Sud ein köstlicher Obstsirup.

BIRNENKOMPOTT MIT SAFRAN & MUSKATBLÜTE

ERGIBT 1,8 KG

Um uns herum stehen riesige Birnenbäume wie Tupfer in der Landschaft und im Herbst tragen sie reich. Die meisten dieser Birnen schmecken frisch nicht gut, es sind eher Kochbirnen, sie sind dazu bestimmt, eingemacht zu werden. Wenn Sie Birnen kaufen, wählen Sie noch nicht ganz reife Früchte sowie Sorten, die beim Kochen fest bleiben.

- 2 kg Birnen
- 4 EL Zucker
- 4 Prisen Safranfäden
- 8 Blätter Muskatblüte

Vier 750-ml-Einmachgläser spülen und sterilisieren (siehe Seite 10).

Die Birnen schälen und vierteln und in eine große Schüssel mit Wasser mit einem Spritzer Zitronensaft legen, damit sie nicht braun werden. Die Kerngehäuse entfernen und die Birnenspalten dicht an dicht in Einmachgläser füllen, sodass möglichst viele in das Glas passen. In jedes Glas 1 Esslöffel Zucker, 1 kleine Prise Safran und 2 Muskatblütenblätter geben. Jedes Glas bis 1 cm unter den Rand mit Wasser auffüllen. Die Gläser verschließen und in einen Einkochtopf oder einen großen hohen Topf mit Deckel stellen. So viel Wasser einfüllen, dass die Gläser zu mindestens drei Viertel im Wasser stehen.

Auf mittlerer Stufe zum Kochen bringen. Den Deckel auflegen und die Hitze reduzieren. 35 Minuten leise köcheln. Den Deckel abnehmen und, sobald es möglich ist, die Gläser aus dem Wasser heben.

An einem kühlen, dunklen Ort, etwa im Vorratsschrank oder im Keller, hält sich eingekochtes Obst mehrere Jahre ohne Qualitätsverlust.

WEINBRAND-KIRSCHEN

ERGIBT ETWA 1 KG

Eingemachte Kirschen sind ein Geschenk des Sommers, das Ihre Freunde wie einen Schatz hüten werden, wenn die Kirschsaison vorbei ist.

Vier 250-ml-Einmachgläser spülen und sterilisieren (siehe Seite 10).

Für den Sirup 300 ml Wasser mit dem Zucker in einem großen Topf mit schwerem Boden bei mittlerer Hitze zum Kochen bringen. Dabei rühren, bis der Zucker aufgelöst ist. Wenn das Wasser kocht, Kassiazimt und Muskatnuss zufügen. Die Hitze reduzieren und 15 Minuten köcheln. Weinbrand und Kirschen zugeben und unter gelegentlichem Rühren 15 Minuten köcheln.

In die vorgewärmten Gläser füllen, verschließen und an einem kühlen, dunklen Ort mindestens einen Monat vor dem Öffnen lagern.

- 300 g brauner Zucker
- 2 Stücke Kassiazimt, alternativ 1 Zimtstange
- 1 ganze Muskatnuss, in 2 Teile gebrochen
- 300 ml Weinbrand oder Kirschwasser
- 1 kg helle Süßkirschen (oder Schattenmorellen oder andere), entsteint (wenn Ihnen daran liegt)

KUMQUATS IN WEINBRAND

ERGIBT 500 G KUMQUATS PLUS ½ LITER AROMATISIERTER WEINBRAND

- 500 g Kumquats
- 2 EL Zucker
- etwa 500 ml Weinbrand oder ein anderer Hochprozentiger
- ein Jahr Ihres Lebens

Hiermit bin ich groß geworden: ein merkwürdiges, großes Glas hoch oben auf dem Küchenschrank, gefüllt mit Kumquats, die ihre Farbe langsam in die Flüssigkeit abgeben. Hin und wieder naschte meine Mutter eine einzelne Kumquat oder gab sie in Desserts bei ihren Dinerpartys – und genoss den pikanten Charakter. Als ich im Alter von zwölf Jahren eine dieser scharfen, bitteren, hochprozentigen Kumquats probierte, hielt ich sie für Teufelswerk. Doch die Zeiten haben sich geändert.

Ein 1-Liter-Einmachglas gründlich spülen. Sterilisieren ist nicht nötig, da der Alkoholgehalt sehr hoch ist, aber es schadet natürlich auch nicht (siehe Seite 10).

Die Kumquats heiß abspülen und ins Glas geben. Idealerweise ein hübsches Glas, das man als Dekoration hinstellen kann. Den Zucker in den Weinbrand rühren und über die Früchte gießen. Verschließen und mindestens ein Jahr ziehen lassen. Den Weinbrand in Desserts verwenden.

VANILLEPFIRSICHE

ERGIBT ETWA 900 G

1 kg Pfirsiche
2 EL Zucker
1 Vanilleschote, längs halbiert

Je kleiner Pfirsiche und Nektarinen sind, desto besser lassen sie sich einmachen, weil sie schon halbiert in die Gläser passen. Sie benötigen eine kürzere Garzeit als andere Früchte wie etwa Birnen, da sie sehr weich sind. Es gibt zwei Arten von Pfirsichen: Weichfleischige, die man schon fast schlürfen kann, wenn man hineinbeißt (über dem Waschbecken) sowie festfleischige. Letztere sind bestens zum Einmachen geeignet; die weichfleischigen auch, aber sie sehen im Glas nicht so proper aus.

Zwei 750-ml-Einmachgläser spülen und sterilisieren (siehe Seite 10).

Die Pfirsiche halbieren und entsteinen. Große Exemplare besser vierteln. Behutsam in die Gläser schichten, dabei sollten sie so dicht wie möglich liegen ohne Schaden zu nehmen. Mit etwas Übung klappt das Stapeln immer besser, aber die Früchte schmecken auch unordentlich geschichtet – man braucht dann nur mehr Gläser.

1 Esslöffel Zucker und ½ Vanilleschote in jedes Glas geben. Jedes Glas bis 1 cm unter den Rand mit Wasser auffüllen. Nicht überfüllen, aber die Früchte sollen so geschoben und zurechtgesteckt werden, dass keine Luftblasen vorhanden sind. Bei Bedarf noch etwas Wasser nachgießen. Mit den Deckeln verschließen. Die Gläser in einen Einkochtopf oder in einen großen Topf mit Deckel stellen. So viel Wasser einfüllen, dass die Gläser bis zu mindestens drei Viertel Höhe im Wasser stehen. Den Deckel auflegen und das Wasser bei mittlerer Hitze zum Kochen bringen. Auf kleine Stufe stellen und das Wasser 25 Minuten köcheln lassen.

Den Topfdeckel abnehmen und, sobald es möglich ist, die Gläser aus dem Wasser heben. Komplett abkühlen lassen und bis zu 12 Monate im Vorratsschrank lagern.

ROTWEINPFLAUMEN MIT GEWÜRZNELKEN

ERGIBT ETWA 1 KG

Eingelegte Pflaumen sind herrlich saftig und aromatisch, der Rotwein verstärkt das noch. Je länger man sie stehen lässt, desto dunkler werden sie, aber geschmacklich werden sie nicht beeinträchtigt. Für dieses Rezept verwenden wir immer den Wein, der gerade offen ist. Bei sehr kräftigem Wein geben wir etwas mehr Zucker dazu. Die Zuckermenge in diesem Rezept ist so gering, dass die Pflaumen auch zu herzhaften Gerichten passen.

- 1 kg rote Pflaumen
- 2 EL brauner Zucker
- 200 ml Rotwein
- 4 Gewürznelken

Vier 500-ml-Gläser spülen und sterilisieren (siehe Seite 10). Die ideale Größe und Menge hängt von der Größe der Pflaumen ab.

Die Pflaumen so eng wie möglich in die Gläser schichten, ohne sie zu quetschen. Die natürliche Form sollte noch zu erkennen sein.

Den Zucker gleichmäßig auf die Gläser verteilen (bei 4 Gläsern nehme ich pro Glas 1 gehäuften Teelöffel). Ebenso mit Wein (2–3 Esslöffel pro Glas) und Gewürznelken verfahren. Die Gläser mit Wasser auffüllen, verschließen und in einen Einkochtopf oder einen großen hohen Topf stellen. So viel Wasser einfüllen, dass die Gläser bis zu mindestens drei Viertel Höhe im Wasser stehen.

Das Wasser bei mittlerer Hitze zum Kochen bringen, abdecken und und 25 Minuten köcheln lassen. Die Gläser mit einer Küchenzange aus dem heißen Wasser heben und auf Untersetzer stellen (nicht direkt auf Marmor, Stein oder Edelstahl stellen, dadurch könnten die Gläser platzen). Vollständig abkühlen lassen, dann bis zu 2 Jahre im Vorratsschrank lagern. Nach dem Öffnen in den Kühlschrank stellen und in den nächsten Tagen aufbrauchen.

NEKTARINEN MIT ZIMT & WEISSWEIN

ERGIBT ETWA 1 KG

- 1 kg Nektarinen
- 2 Zimtstangen
- 200 ml Weißwein
- 2 EL Zucker

Manchmal macht die Zugabe eines kleinen Gewürzes einen großen Unterschied. Wenn man etwas Wein zugibt, verändert sich der Geschmack der eingelegten Früchte erheblich. Das süßlich-warme Aroma des Zimts und die Säure des Weißweins in Kombination mit aromatischen Nektarinen macht dieses Kompott zum perfekten Begleiter für selbst gemachtes Vanilleeis.

Zwei 750-ml-Einmachgläser spülen und sterilisieren (siehe Seite 10).

Die Nektarinen halbieren und entsteinen. Die Hälften so in die Gläser gleiten lassen, dass die Wölbungen möglichst nach unten zeigen; so kann keine Luft eingeschlossen werden. Zum nachträglichen Manövrieren können Sie zum Beispiel Essstäbchen zu Hilfe nehmen.

In jedes Glas eine Zimtstange, 100 ml Wein und 1 Esslöffel Zucker geben. Jedes Glas bis 1 cm unter den Rand mit Wasser auffüllen. Das Glas leicht rütteln, damit Luftblasen nach oben steigen können. Die Gläser verschließen.

Die Gläser in einen Einkochtopf oder einen großen Topf stellen. Wasser einfüllen, bis die Gläser zu drei Viertel im Wasser stehen. Den Topfdeckel auflegen und das Wasser bei mittlerer Hitze zum Kochen bringen. Die Hitze reduzieren und 25 Minuten köcheln. Vom Herd nehmen und den Deckel entfernen. Sobald es möglich ist, die Gläser aus dem Topf und auf ein Holzbrett heben. Die Nektarinen lassen sich 2 Jahre an einem kühlen, dunklen Ort aufbewahren.

APRIKOSEN MIT ORANGENBLÜTEN & MUSKAT

ERGIBT ETWA 900 G

1 kg Aprikosen
2 EL Zucker
½ Muskatnuss, in 2 Stücke gebrochen
2 TL Orangenblütenwasser

Reif gepflückte Aprikosen können sehr weich werden oder sogar auseinanderfallen, wenn sie eingemacht werden. Aber selbst wenn das passiert, bleiben die Aromen erhalten und ein Glas (oder auch fünf) im Vorratsschrank zaubern Ihnen im Winter eine Erinnerung an den Sommer auf den Tisch.

Zwei 750-ml-Einmachgläser spülen und sterilisieren (siehe Seite 10).

Die Aprikosen halbieren und die Steine entfernen. Die Aprikosen so eng wie möglich in die Gläser schichten, ohne sie zu quetschen. Das Einfüllen ist wirklich kniffelig. Also kein falscher Stolz! Wenn Sie eine Großmutter haben oder jemand anderen mit Erfahrung kennen, lassen Sie sich zeigen, wie es geht.

In jedes Glas 1 Esslöffel Zucker geben und jeweils 1 Stück Muskatnuss ein 1 Teelöffel Orangenblütenwasser zufügen. Jedes Glas bis 1 cm unter den Rand mit Wasser auffüllen. Die Früchte mit einem Essstäbchen anschubsen, sodass eventuelle Luftblasen nach oben steigen.

Die Gläser verschließen und in einen Einkochtopf oder einen großen hohen Topf mit Deckel stellen. So viel Wasser einfüllen, dass die Gläser bis zu mindestens drei Viertel Höhe im Wasser stehen. Den Deckel auflegen, den Herd auf mittlere Stufe stellen und das Wasser zum Kochen bringen. Die Hitze reduzieren und 25 Minuten köcheln. Vom Herd nehmen und den Deckel entfernen. Sobald es möglich ist, die Gläser aus dem Topf nehmen und auf ein Holzbrett stellen.

Wenn die Gläser vollständig abgekühlt sind, in den Vorratsschrank räumen. Bei richtiger Lagerung halten Sie sich bis zu 2 Jahre.

LIDS

KAPITEL VIER

Pickles & Chutneys

Sie brauchen also etwas, um Ihre Gerichte aufzupeppen? Etwas Interessantes zu einem einfachen Käsebrot? Einen pfiffigen Senf, der zu Ihrem tollen Corned Beef passt? Oder ein Piccalilli, bei dem jeder nach dem Rezept fragen wird, weil es nicht nur halbwegs genießbar (im Gegensatz zu manch anderen), sondern sogar ein Genuss ist!

Dieses Kapitel wird Abwechslung in Ihren Vorratsschrank bringen. Hierin finden Sie demnächst einen zusätzlichen Gaumenkitzel für Ihr Curry (Lime-Pickle), das I-Tüpfelchen für Ihr gebratenes Lamm (Lemon-Chutney) sowie hübsche Beilagen für Ihre Aufschnittplatte oder den grandiosen Weihnachtsbraten.

In diesem Kapitel finden Sie Rezepte für die Freuden des Alltags: unkomplizierte Pickles und Chutneys sowie Relishes (stückige Saucen), die auch eine schlichte Mahlzeit zu etwas Besonderem machen. Von diesen Zubereitungen sollten Sie gleich eine größere Menge zubereiten, dann können Sie sie mit Ihren Freunden teilen. Der Vorratsschrank wird zur Schatzkammer. Genießen Sie gutes Essen, auch wenn mal keine Zeit zum Kochen ist.

GEWÜRZGURKEN MIT DILL

ERGIBT ETWA 600 G

Wir haben eine Handvoll kleine Gurken angepflanzt, die so groß wie Cornichons werden, aber besser gedeihen bei uns die etwas größeren Gurken, die die Maße eines Männerdaumens erreichen. In Scheiben geschnitten sind sie richtig gute Pickles, die 1A zu Corned Beef, Pastrami oder Käse passen.

- 600 g Minigurken, in sehr feine Scheiben geschnitten
- 1 Zwiebel, in feine Ringe geschnitten
- 1½ EL Salz
- 60 ml heißes Wasser
- 250 ml Weißweinessig
- 200 g Zucker
- 2 TL braune Senfsamen
- 2–3 EL frisch gehackter Dill
- ¼ TL gemahlene Kurkuma
- Chiliflocken, nach Belieben

Zwei 500-ml-Gläser spülen und sterilisieren (siehe Seite 10).

Die Gurken mit Zwiebel, Salz und heißem Wasser 3 Stunden in einer nicht-metallenen Schüssel einlegen. Abgießen, aber die Flüssigkeit auffangen.

Essig, Zucker, Senfsamen, Dill, Kurkuma und Chiliflocken in einem mittelgroßen Topf bei starker Hitze zum Kochen bringen. Die Gurken mit dem Salzsud zufügen, die Hitze reduzieren und 2 Minuten köcheln. Die Gewürzgurken in die sterilisierten, vorgewärmten Gläser füllen. Im Idealfall vor dem Verzehr einen Monat lagern, damit sich die Aromen entwickeln können.

DUNKELBRAUNE PICKLES

ERGIBT ETWAS MEHR ALS 2 KG

- 100 g Zwiebeln, in Würfel geschnitten
- 2 Steckrüben, ca. 500 g, geschält und in feine Würfel geschnitten
- 1 große Karotte, ca. 150 g, geschält und in feine Würfel geschnitten
- 6 Knoblauchzehen, fein gehackt
- 6 Datteln, ca. 120 g, grob geschnitten
- ½ Blumenkohl, fein geschnitten
- 2 Äpfel, geschält, entkernt und in Würfel geschnitten
- 500 g dunkelbrauner Zucker
- 100 ml Zitronensaft
- 250 ml Apfelessig aus Cidre
- 125 ml Worcestershire-Sauce (siehe Seite 142)
- 2 TL Senfsamen
- ¼ TL gemahlener Piment
- ½ TL Cayennepfeffer
- 1 TL gemahlener Koriander
- 1 TL gemahlener Zimt
- 90 g Treacle, alternativ Zuckerrübensirup
- 1 EL Salz

Ich dachte lange, dass ich keine Pickles mag, bis ich als Teenager durch Großbritannien reiste. Das heißt, ich war immer hungrig und habe vor allem in der Provinz in Pubs oft einen Ploughman's Lunch bestellt, das ist eine dicke Scheibe Käse, Brot, Butter und – klar – Pickles. Dort entdeckte ich ein dunkles Pickle (eine bekannte Version ist das Branston Pickle), das mich zum Fan machte. Beim Gedanken an dieses Pickle mit Cheddar gerate ich heute noch ins Schwärmen, obwohl es natürlich auch zu vielen anderen Speisen passt, etwa zu einem Roastbeef-Sandwich oder zu Würstchen mit Röstzwiebeln.

Acht 300-ml-Gläser spülen und sterilisieren (siehe Seite 10).

Alle Zutaten gleichzeitig mit 150 ml Wasser in einen großen Topf geben und auf mittlerer Stufe erhitzen. Rühren, bis der Zucker aufgelöst ist. 45 Minuten unter gelegentlichem Rühren leicht köcheln lassen, bis das Gemüse gar und von einer guten dicken Sauce überzogen ist. Es soll aber immer noch Biss haben. Die Mischung in sterilisierte, vorgewärmte Gläser füllen und diese sofort verschließen. An einem kühlen, dunklen Ort mindestens einen Monat durchziehen lassen. Innerhalb von 6 Monaten aufbrauchen. Nach dem Öffnen im Kühlschrank aufbewahren.

PICCALILLI NACH GÄRTNER-ART

(Senfgemüse)

ERGIBT ETWA 3 KG

Ich bin von gekaufter Piccalilli ja immer ein bisschen enttäuscht, insbesondere von der langweiligen Version mit Mais, Paprika und billigem Essig. Eine gute Piccalilli ist wie ein Spaziergang durch den Garten. Bitte geben Sie keinen Mais hinein, nur gutes Gartengemüse mit dem Schwerpunkt auf Blumenkohl, und aromatisieren Sie das Ganze mit duftenden Gewürzen. Sollten Sie Gurken oder Kürbis haben, können Sie diese auch zugeben. Grüne Tomaten? Ja, unbedingt. Rettichschoten von Pflanzen, auf deren Samen Sie verzichten können? Perfekt. Sie sollten insgesamt auf 2 kg Gemüse kommen.

- 400 g grüne Tomaten, in Würfel geschnitten
- 400 g Zwiebeln, in Würfel geschnitten
- 800 g Blumenkohl, in winzige Röschen geschnitten, mit Stielen
- 1 Zucchini, in Würfel geschnitten
- 1 Karotte, grob gerieben
- 80 g Rettichschoten, alternativ Kaiserschoten, quer halbiert
- 40 g Kapuzinerkressesamen
- 2 EL Salz
- 2 EL Senfpulver
- 2 EL gemahlene Kurkuma
- 2 EL gemahlener Ingwer
- 2 EL Mehl
- 1,2 Liter Weißweinessig
- 2 TL Selleriesamen
- 4 EL brauner Zucker

Sechs 500-ml-Gläser spülen und sterilisieren (siehe Seite 10).

Das Gemüse (mit Rettichschoten und Kapuzinerkressesamen) mit dem Salz in eine große nicht-metallene Schüssel geben und über Nacht ruhen lassen. Am nächsten Tag das Salz abspülen und alles gut abtropfen lassen.

Alle Gewürze, Mehl und einige Esslöffel Essig zu einer Paste verreiben, dann den übrigen Essig und die Selleriesamen einrühren. Diese Mischung in einem mittelgroßen Topf bei mittlerer Hitze unter regelmäßigem Rühren zum Kochen bringen. Wenn es kocht, die Hitze reduzieren und unter häufigem Rühren 10 Minuten köcheln lassen.

Zum Schluss den Zucker einrühren, die Essigmischung über das Gemüse gießen und vermengen. In die vorgewärmten Gläser einfüllen. Mit den Deckeln verschließen und im Vorratsschrank unbedingt einen Monat oder zwei ziehen lassen. Nach dem Öffnen im Kühlschrank aufbewahren und innerhalb von 2 Wochen aufbrauchen.

RETTICHSCHOTEN

Wenn Sie ihren Rettich nicht ernten und blühen lassen, bilden sich die Schoten. Sie schmecken zunächst süßlich, später entsteht eine gewisse Schärfe im Mund. Sie können Sie durch eine andere Gemüsesorte in diesem Rezept ersetzen.

TOMATILLO-PICKLES

ERGIBT ETWA 1 KG

Tomatillos sind enorm lecker, besonders, wenn sie gekocht oder eingelegt sind. Eingelegt kann man sie das ganze Jahr genießen. Probieren Sie dieses Rezept sowohl mit frischen Tomatillos als auch mit gegrillten. Der Charakter ist völlig anders.

- 500 g Tomatillos
- 1–2 kleine rote oder grüne Chilischoten
- 2 Knoblauchzehen, in Scheiben geschnitten
- 1 TL Koriandersamen
- 250 ml Apfelessig aus Cidre
- 250 ml Wasser
- 3 TL Salz

Vier 250-ml-Gläser spülen und sterilisieren (siehe Seite 10).

Die papierene Schale von den Tomatillos abziehen. Die Früchte vierteln und in Gläser füllen.

Für die Lake alle übrigen Zutaten in einen mittelgroßen Topf geben und bei starker Hitze zum Kochen bringen. Die Hitze reduzieren und 10 Minuten offen köcheln. Entfernen Sie die Chilischoten, wenn Ihr Pickle nicht zu scharf werden soll, ansonsten lassen Sie sie drin. Die Lake über die Tomatillos in die Gläser gießen und diese verschließen. Vor dem Öffnen mindestens eine Woche ziehen lassen, damit die Früchte weich werden. Je länger sie ziehen, desto besser. Im Vorratsschrank lagern und nach dem Öffnen im Kühlschrank aufbewahren.

ROTE-BETE-RELISH

ERGIBT ETWA 2 KG

- 1 EL Olivenöl
- 1 EL gelbe Senfsamen
- 2 Zwiebeln, in kleine Würfel geschnitten
- 1 kg Rote Bete, geschält und geraspelt
- 5-cm-Stück Meerrettich, geschält und geraspelt
- 2 TL Salz
- 1 TL frisch gemahlener schwarzer Pfeffer
- 4 Streifen Orangenschale, mit einem Sparschäler abgezogen
- 500 ml Apfelessig aus Cidre
- 300 g brauner Zucker
- 200 g Zucker

Wir Australier lieben Rote Bete. Auf Burgern, in Salaten, vom Grill – also zu fast jeder Mahlzeit, außer zum Frühstück. Dieses Relish passt zu den genannten Speisen und ist im Nu fertig. Probieren Sie es auf einem Steak-Sandwich, im Burger, zu Lammspießen oder geschmolzenem Käse.

Vier 500-ml-Gläser spülen und sterilisieren (siehe Seite 10).

Das Olivenöl auf mittlerer Stufe in einem großen Topf erhitzen und die Senfsamen so lange darin braten, bis sie beginnen aufzuplatzen. Zügig arbeiten, damit die Samen nicht verbrennen. Die Zwiebelwürfel zugeben und den Herd auf sehr kleine Stufe stellen. Die Zwiebeln glasig dünsten.

Die übrigen Zutaten in den Topf geben und bei mittlerer Hitze rühren, bis der Zucker aufgelöst ist. Die Hitze erhöhen und alles zum Kochen bringen. Dann die Temperatur reduzieren und die Mischung etwa eine Stunde köcheln lassen, bis die Rote Bete weich und die Mischung marmeladenartig ist. Die Orangenschale herausnehmen, dann das Relish in die vorgewärmten Gläser füllen und verschließen. An einem kühlen, dunklen Ort bis zu ein Jahr aufbewahren. Nach dem Öffnen in den Kühlschrank stellen.

SALZIGES LIMETTEN-PICKLE AUF INDISCHE ART

ERGIBT ETWA 400 G

Als ich meine Partnerin Sadie kennenlernte, verheimlichte sie mir dieses sagenhafte Limetten-Pickle. Erst nachdem ich sie einige Monate lang umworben hatte, holte sie mit dem für sie typischen Understatement ein unscheinbares Glas aus dem Kühlschrank hervor. Der Inhalt entpuppte sich als die ultimative Beilage für Currys. Und nun, da das Geheimnis gelüftet ist, schätzt Fat Pig Farm sich glücklich, dieses Rezept mit Ihnen teilen zu dürfen.

- 400 g Bio-Limetten
- 1½ EL Salz
- 1 TL gemahlene Kurkuma
- ½ TL Cayennepfeffer
- 2 TL gemahlener Piment
- 2–3 EL Weißweinessig

Zwei 250-ml-Gläser spülen und sterilisieren (siehe Seite 10).

Bereiten Sie dieses Pickle, wenn Ihnen preiswerte Limetten in die Hände fallen. Die Limetten in etwa 1 cm dicke Würfel schneiden, dabei die Kerne entfernen. Austretenden Saft auffangen. Die Stücke in die sterilisierten Gläser füllen. Salz, Gewürze, Essig und den aufgefangenen Limettensaft vermischen und über die Limetten gießen. Die Gläser verschließen und eine Woche an einem warmen Ort, eventuell sogar in der Sonne, stehen lassen. Wichtig ist, dass die Limettenstücke oft durchgeschüttelt werden, damit sie immer von Lake überzogen werden. Wenn sie weich sind, im Vorratsschrank oder an einem anderen dunklen, kühlen Ort 6 Monate lagern, bevor Sie das Pickle verzehren.

GRÜNES TOMATEN-CHUTNEY

ERGIBT ETWA 1,5 KG

Wie in fast jedem Garten bleiben in unserem auch jedes Jahr im Herbst ein paar grüne Tomaten zurück, die einfach nicht rot werden wollen. Um die Ernte zu verarbeiten, braucht man ein bewährtes Chutney-Rezept. Dieses besticht durch die Schärfe von Senfpulver und Pfeffer, der musigen Konsistenz durch den Apfel und die Sultaninen setzten ein kleines Highlight. Genießen Sie es auf einem Toast unter geschmolzenem Käse, mit Corned Beef oder Schinken, mit Pastrami oder als Beilage zu einem guten Hackbraten.

- 1 kg grüne Tomaten, Stielansatz entfernt, klein geschnitten
- 2 große Zwiebeln, in Würfel geschnitten
- 1 großer säuerlicher Apfel, geschält, entkernt und in Stücke geschnitten
- 300 ml Malzessig, alternativ Sherryessig
- 100 g Sultaninen
- 2 TL Salz
- ½ TL Cayennepfeffer
- 1 TL Senfpulver
- 100 g Zucker

Fünf 300-ml-Gläser spülen und sterilisieren (siehe Seite 10).

Tomaten, Zwiebeln, Apfel und die Hälfte des Essigs in einem großen Topf auf kleiner Stufe erhitzen und 30 Minuten köcheln, bis der Apfel weich ist und zu Mus zerfällt. Auch die Tomaten sollten dann weich sein. Den übrigen Essig und die restlichen Zutaten zugeben und alles 10–15 Minuten köcheln lassen, bis die Mischung eindickt. Dabei gelegentlich rühren, damit nichts am Topfboden ansetzt.

In warme, sterilisierte Gläser füllen und sofort verschießen. Abkühlen lassen, dann an einem kühlen, trockenen Ort mindestens einen Monat ziehen lassen. Nach dem Öffnen im Kühlschrank aufbewahren.

EINGELEGTER SCHLANGEN-KNOBLAUCH

ERGIBT ETWA 500 G

500 g Schlangenknoblauch (alternativ Schnittknoblauch oder Bärlauch)
500 ml Apfelessig aus Cidre
250 ml Wasser
2 EL Salz
1 EL Zucker
1 EL schwarze Pfefferkörner
½ TL Senfsamen

Schlangenknoblauch, auch Rockenbolle genannt, ist eine mild schmeckender Knoblauchart mit spiralig gedrehten Trieben, an deren Enden keine Blüten, sondern Brutknollen sitzen. Die Pflanzen sind in ausgewählten Gärtnereien oder im Internethandel erhältlich. Vom Schlangenknoblauch kann man sowohl die unterirdischen Knollen als auch den Stängel – wie im Rezept angegeben – sowie die kleinen Brutknollen essen. Eingelegt kommt man nicht nur zur Erntezeit im August in seinen Genuss.

Drei 300-ml-Gläser spülen und sterilisieren (siehe Seite 10).

Die Blütenspitzen und das harte Ende des Stängels abschneiden. Wenn man das Ende des Stängels biegt, merkt man, wo der weichere Teil beginnt. Dort abschneiden.

Die zurechtgeschnittenen Stängel in sterilisierte Gläser füllen. Ich lege die langen Stängel gern in Spiralen ins Glas, aber Sie können sie nach Belieben auch in kurze Stücke schneiden. Die Unterseite der Gläser in heißem Wasser erwärmen, damit die Gläser nicht platzen, wenn die heiße Lake zugegossen wird.

Nun die Lake zubereiten. Alle übrigen Zutaten in einem mittelgroßen Topf bei sehr starker Hitze zum Kochen bringen. Rühren, bis der Zucker aufgelöst ist. Über die Stängel gießen bis 1 cm unter dem Glasrand und die Gläser sofort verschließen. Nach dem Abkühlen im Kühlschrank lagern und frühestens 2 bis 4 Wochen später öffnen.

EINGELEGTE RÜBCHEN

ERGIBT ETWA 800 G

Dies ist ein klassisches Rezept aus dem Nahen Osten. Die Rüben passen perfekt zu Falafeln im Brot. Rüben gedeihen bei uns ausgesprochen gut, und dieses Rezept bietet eine gute Möglichkeit, sie zu konservieren. Die kleine Menge Rote Bete färbt die Lake schön pink. So hübsch sehen Rüben sonst nicht aus!

- 750 g möglichst kleine Mairübchen
- 2 große Knoblauchzehen
- 1 kleine Rote Bete, ca. 60 g
- 250 ml Weißweinessig
- 3 TL Salz

Einen 2-Liter-Behälter (oder ähnlich) spülen und sterilisieren.

Die Rüben gründlich waschen und abbürsten, dann in Viertel schneiden. Die Knoblauchzehen abziehen und mit der flachen Klinge des Messers andrücken. Die Rote Bete schälen und in kleine Spalten schneiden.

Am besten geben Sie alles in ein schönes großes Gefäß mit 1,5 bis 2 Litern Inhalt. Zunächst die Rüben einfüllen, dann Knoblauchzehen und Rote-Bete-Spalten dazwischenstecken. Die Unterseite des Gefäßes in heißem Wasser erwärmen, damit das Glas beim nächsten Schritt nicht platzt. Das Glas beiseitestellen und die Lake zubereiten.

Essig, Salz und 500 ml Wasser in einen mittelgroßen Topf geben und bei mittlerer Hitze rühren, bis das Salz aufgelöst ist. Zum Kochen bringen. Vom Herd nehmen und die Lake über die Rüben in das Gefäß gießen. Verschließen und an einem dunklen Ort mindestens 7 Tage lagern. Nach dem Öffnen im Kühlschrank aufbewahren und innerhalb eines Monats aufbrauchen.

Die Rüben schmecken wunderbar zu geräuchertem Fleisch, wie Speck oder Pastrami, zu Käse, gemischten Aufschnittplatten, Pasteten oder eben klassisch zu Falafeln.

EINGELEGTE ZWIEBELN

ERGIBT EWA 1 KG

1 kg Perlzwiebeln
kochendes Wasser, zum Bedecken
100 g Salz

LAKE

1 Liter Apfelessig aus Cidre oder Malzessig
1 TL Wacholderbeeren
1 TL Pfefferkörner
3 frische Lorbeerblätter
2 EL dunkelbrauner Zucker

Die idealen Zwiebeln für dieses Rezept sind klein und fest. Sie können aber auch Schalotten einmachen und – für einen etwas anderen Geschmack – den braunen Zucker durch Honig ersetzen.

Zwei 1-Liter-Gläser (oder ähnlich) spülen und sterilisieren (siehe Seite 10).

Die Zwiebeln in eine große Auflaufform geben. Mit kochendem Wasser übergießen, sodass sie bedeckt sind, das Salz zufügen und die Zwiebeln so lange einlegen, bis die Flüssigkeit abgekühlt ist, möglichst über Nacht. Eventuell mit einem Teller beschweren, damit die Zwiebeln vollständig unter Wasser liegen.

Alle Zutaten für die Lake in einem mittelgroßen Topf aufkochen und 5 Minuten köcheln.

Die Zwiebeln abgießen und auf die Gläser verteilen, dabei so viel Platz lassen, dass die zuoberst liegenden Zwiebeln später komplett mit Lake bedeckt werden können. Die Unterseite der Gläser vorsichtig in heißem Wasser erwärmen, damit die Gläser beim nächsten Arbeitsschritt nicht platzen. Vorsichtig die Lake über die Zwiebeln ins Glas gießen, sodass sie vollständig bedeckt sind. Die Gläser verschließen und an einem kühlen, trockenen Ort, wie z. B. im Vorratsschrank vor dem Öffnen mindestens einen Monat, besser mehrere, stehen lassen. Sie halten sich bis zu 2 Jahre. Nach dem Öffnen im Kühlschrank aufbewahren.

PARKS' ZITRONEN-CHUTNEY

ERGIBT ETWA 1,6 KG

Der verstorbene Vater meiner Frau, Parks Chrestman, war für einige Zubereitungen in der Familie zuständig, darunter das Limetten-Pickle (Seite 110), den Tomatenketchup (Newlands Sauce, Seite 134) und dieses Zitronen-Chutney. Offensichtlich wurde er beim Chutney-Kochen etwas nachlässig und rührte nicht genug, sodass das Chutney am Boden ansetzte und bedenkliche braune Stellen bekam. Aber genau das ist das Geheimnis eines hervorragenden Chutneys – es verlangt ein wenig Sorglosigkeit.

- 6 Zitronen, abgebürstet und inklusive Schale fein zerkleinert, Kerne entfernt
- 250 g Zwiebeln, in kleine Würfel geschnitten
- 2 EL Salz
- 400 g Zucker
- 2 EL braune Senfsamen
- 1 TL gemahlener Ingwer
- 1 TL Cayennepfeffer
- 100 g Sultaninen
- 500 ml Apfelessig aus Cidre

Sechs 300-ml-Gläser spülen und sterilisieren (siehe Seite 10).

Zitronen und Zwiebeln in eine große Schüssel geben, mit dem Salz bestreuen und über Nacht ziehen lassen.

Am nächsten Tag Zitronen und Zwiebeln samt Saft plus 125 ml Wasser in einen großen Edelstahltopf geben und köcheln, bis sie weich sind. Alle restlichen Zutaten zugeben, wieder zum Kochen bringen und die Hitze reduzieren, sodass es köchelt. Mindestens 30 Minuten unter gelegentlichem Rühren köcheln, bis die Mischung eingedickt ist. Es kann sogar bis zu 1½ Stunden oder länger dauern. Sadie meint, man müsse es zwischendurch vergessen, damit sich Bodensatz bildet, der dann abgelöst und untergerührt wird. So bekommt das Chutney mehr Charakter. Natürlich mache ich immer, was meine Frau sagt.

In Gläser füllen und in den Vorratsschrank stellen. Nach dem Öffnen im Kühlschrank aufbewahren. Zu Lamm-Sandwich gibt es nichts Besseres.

KIRSCH-PICKLE MIT PIMENT

ERGIBT ETWA 2 KG

Mit einer Käseplatte, einem Entenbraten und Rillettes bin ich so glücklich wie ein Schwein im Matsch, aber ich brauche etwas, um das deftige Essen auszugleichen. Bei uns haben wir jedes Jahr Unmengen von Kirschen und es lohnt sich unbedingt, einige sauer einzulegen.

- 1 kg frische Kirschen
- 600 ml Rot- oder Weißweinessig
- 200 ml Rotwein
- 200 g feinster Zucker
- 1 TL Salz
- 1 Zimtstange
- 1 EL Pimentkörner, leicht mit dem Messer oder im Mörser angedrückt
- 1 TL schwarze Pfefferkörner
- 1 frisches Lorbeerblatt

Vier 500-ml-Gläser spülen und sterilisieren (siehe Seite 10).

Die Kirschen durchsehen, die Stiele abzupfen und kurz abspülen.

Alle übrigen Zutaten mit 300 ml in einem großen Topf bei starker Hitze zum Kochen bringen. Die Temperatur reduzieren und 10 Minuten köcheln lassen, damit die Aromen sich verbinden. Die Kirschen auf die Gläser verteilen und die Glasböden in heißem Wasser erwärmen. Die heiße Lake über die Kirschen in die Gläser gießen und sofort verschließen. An einem kühlen, trockenen Ort vor dem Verzehr mindestens einen Monat lagern. Nach dem Öffnen in den Kühlschrank stellen.

ALICE MAES DILL-PICKLES

ERGIBT ETWA 1,5 KG

1,5 kg kleine Einlegegurken, abgebürstet	
8–10 Knoblauchzehen	
1 große Handvoll frischer Dill (alternativ Dillblüten, -samen oder getrockneter Dill)	
2 Liter kaltes Regenwasser oder gefiltertes Leitungswasser	
1 Liter Weißweinessig oder Apfelessig aus Cidre	
150 g Salz	
Alaunpulver (in Apotheken, verlangen Sie Lebensmittelqualität)	

Das ist ein altes amerikanisches Rezept für sauer Eingelegtes. Es stammt von der Mutter meines ehemaligen Nachbarn Duane Moeller. Alice Mae Halferty Moeller verfügte über eine Reihe von Rezepten, die sie an ihren Sohn weitergab. Dieses hier hatte sie unter dem Namen „Louises Dills" notiert, benannt nach der Freundin von Alices Großvater. Duane und seine Frau Joan empfehlen, möglichst kleine Früchte einzulegen. Joan erntet sie, wenn sie noch klein sind, grundsätzlich morgens, und verwendet sie im Ganzen. Wenn Sie ein paar Exemplare beim Ernten übersehen und diese zu groß werden, können Sie sie immer noch längs vierteln oder sechsteln.
Wenn Sie Ihre eigenen Gurken pflanzen, dann bereiten Sie gleich eine große Portion Lake und bewahren Sie sie im Kühlschrank auf, sodass Sie immer welche griffbereit haben. Das Alaunpulver hält die Gurken knackig, es kann aber auch weggelassen werden.

Acht 500-ml-Gläser spülen und sterilisieren (siehe Seite 10).

Jede Gurke etwa achtmal mit einer Nadel oder einem dünnen Spieß einstechen. Den Knoblauch schälen und große Zehen halbieren. Knoblauch und Dill gleichmäßig auf die Gläser verteilen und die Gurken dicht an dicht einfüllen.

Wasser, Essig und Salz verrühren. Sollte das Salz sich nicht auflösen, das Ganze erhitzen. Die Lake über die Gurken gießen, sodass diese komplett bedeckt sind, und in jedes Glas 1 Prise Alaunpulver geben.

Die Gläser verschließen und am besten das Datum auf den Deckel schreiben. Für 24 Stunden kopfüber in den Kühlschrank stellen. Nach 10 Tagen können sie gegessen werden. Sie halten sich im Kühlschrank bis zu ein Jahr.

SENFFRÜCHTE
(mostarda di frutta)

ERGIBT ETWA 1 KG

Die scharfen, kandierten Früchte aus Norditalien sind die perfekte Beilage für gehaltvolle Saucen, Hähnchen und sogar für Corned Beef. Aber sein Sie vorgewarnt! Es dauert vier Tage, das Rezept zuzubereiten.

Vier 500-ml-Gläser spülen und sterilisieren (siehe Seite 10).

TAG 1 Die Früchte halbieren oder vierteln, alle sollten möglichst dieselbe Größe haben, damit sie später gut ins Glas passen. Die Früchte in eine große nicht-metallene Schüssel geben und Zucker, Orangensaft und -schale unterrühren. Mit einem Geschirrtuch abdecken und 24 Stunden bei Raumtemperatur Saft ziehen lassen.

TAG 2 Den zuckrigen Saft in einen Topf abgießen und zum Kochen bringen. Die Hitze reduzieren und 5 Minuten köcheln. Die Früchte zugeben, einmal kurz aufkochen, dann vom Herd nehmen, wieder in die Schüssel geben und abdecken. Weitere 24 Stunden ziehen lassen.

TAG 3 Den Kochvorgang wiederholen und noch einmal 24 Stunden ziehen lassen.

TAG 4 Den Sirup in den Topf abgießen und zum Kochen bringen. Die Hitze reduzieren und 10 Minuten köcheln lassen. Die Früchte zugeben und 5 Minuten köcheln. Dann Senföl und Essig einrühren und kosten. Ist der Senfgeschmack zu mild, geben Sie etwas mehr zu, bis es Ihnen zusagt.

Die Mischung in sterilisierte Gläser füllen, sofort verschließen und abkühlen lassen. Im Kühlschrank aufbewahren.

- 1 kg gemischte Früchte (wir verwenden Feigen, Kumquats, grüne Cocktailtomaten und Holzäpfel; es eignen sich auch feste Pfirsiche, Trauben, Äpfel, Aprikosen, ach, eigentlich alle Früchte, die gerade Saison haben, oder nur eine Sorte wie Feigen)
- 500 g Zucker
- Saft und abgeriebene Schale von 1 Orange
- 60–80 ml scharfes Senföl (in Italien verwendet man ätherisches Senföl)
- 2–3 EL Apfelessig aus Cidre

Körniger Senf mit Cidre

Rezept Seite 127

Meerrettichsenf

Rezept Seite 126

FRANZÖSISCHER SENF

ERGIBT ETWA 1 KG

Eine Spezialität der Franzosen zum Verfeinern ihres köstlichen Senfs ist ohne Frage der Verjus: das ist der sehr saure, unvergorene Saft von unreifen Trauben. Seine Säure ist milder als die von Essig, am ähnlichsten ist vielleicht Zitronensaft. Verjus verleiht dem Senf Tiefe, eine ganz leichte Süße und insgesamt einen schönen runden Geschmack. Sollten Sie im Handel keinen Verjus finden, mischen Sie frischen Zitronensaft und Wasser 2:1, also 650 ml Saft und 350 ml Wasser.

- 500 g gelbes Senfpulver, alternativ Senfkörner selbst mahlen
- 1 Liter Verjus
- 1 Liter Weißweinessig
- 200 g Schalotten, geschält und in Scheiben geschnitten
- 5 Knoblauchzehen, zerdrückt
- 3 frische Lorbeerblätter
- 20 schwarze Pfefferkörner
- 2 Gewürznelken
- 50 g Salz
- 50 g Zucker
- ½ TL gemahlener Piment

Drei 350-ml-Gläser spülen und sterilisieren (siehe Seite 10).

Das Senfpulver und 150 ml Verjus in einer großen Schüssel zu einer Paste verarbeiten.

Den übrigen Verjus mit Essig, Schalotten, Knoblauch, Lorbeer, Pfeffer und Nelken in einen großen Topf geben und auf mittlerer Stufe aufkochen. Auf ein Drittel der ursprünglichen Menge einkochen, also auf etwa 700 ml. Übrigens brennt diese Mischung in den Augen und in der Kehle, deshalb schalten Sie besser die Dunstabzugshaube ein. Die Gewürzlake durch ein Sieb gießen und abkühlen lassen. Feststoffe aus dem Sieb wegwerfen

Das Essigwasser, Salz, Zucker und Piment in die Senfpaste rühren. 20 Minuten quellen lassen, dann in einen sauberen Topf füllen. 15 Minuten bei geringer Hitze köcheln (auch hier Augen und Nase schützen und die Dunstabzugshabe einschalten). Vom Herd nehmen und leicht abkühlen lassen, dann in die sterilisierten Gläser füllen und verschließen. Die Mischung mindestens einen Monat ruhen lassen, da sie zu Beginn noch etwas unausgewogen schmeckt.

An einem kühlen Ort ist der Senf ein Jahr haltbar. Nach dem Öffnen im Kühlschrank aufbewahren.

MEERRETTICHSENF

Um einen ordentlichen Meerrettichsenf herzustellen, braucht man den Französischen Senf von dieser Seite: Dazu wird auf je 250 g Senf 1 Esslöffel frisch geriebene Meerrettichwurzel oder sehr guter fertig geriebener Meerrettich gegeben. Die Mischung sollte einen Tag ruhen, notfalls kann man sie auch direkt abfüllen.

KÖRNIGER SENF MIT CIDRE

ERGIBT ETWA 600 G

- 150 g gelbe Senfsamen
- 50 g braune Senfsamen
- 1½ TL gemahlene Kurkuma
- 330 ml Cidre oder englischer Cider
- 100 ml Apfelessig aus Cidre
- 4 Knoblauchzehen, geschält
- 1 Zimtstange
- 1–2 EL Honig

Ein scharfer Senf, der stark nach Äpfeln und einem Hauch Gewürzen duftet, ist die beste Beilage für einen geräucherten Schinken. Er schmeckt herrlich zu Bacon-Sandwich, Kotelett, Käsetoast – oder wozu sie sonst Senf mögen.

Zwei 300-ml-Gläser spülen und sterilisieren (siehe Seite 10).

Die Samen über Nacht in 250 ml Wasser einweichen. Samt Restwasser in eine Küchenmaschine geben, die Kurkuma zufügen und mit der Pulse-Funktion zu einer groben Paste verarbeiten. Die meisten Samen werden nicht auseinanderbrechen, deshalb wird es wohl auch nach längerem Pürieren kein glatter Senf. Sollte die Mischung zu trocken sein, etwas Cidre zugeben. Wenn die ganzen Samen Sie stören, können Sie mit einen Mörser nachhelfen.

Den übrigen Cidre mit Essig, Knoblauch und Zimt in einem Topf auf die Hälfte einkochen, also auf 200–250 ml. Knoblauch und Zimtstange entfernen. Nach und nach von der Flüssigkeit in die Senfpaste rühren, bis sie die richtige Senfkonsistenz hat. Nach Belieben mit Honig abschmecken. Den Senf in sterilisierte Gläser füllen und an einem kühlen, dunklen Ort wie im Küchenschrank vor der Verwendung mindestens einen Monat lagern. Nach dem Öffnen im Kühlschrank aufbewahren.

KAPITEL FÜNF

Saucen

FRESH FLAVOUR FRESH

Eier. Gebraten und mit wenig mehr als Kartoffeln oder Reis serviert. Ein Stück Fisch oder Fleisch. Champignons. Alle diese Dinge schmecken für sich sehr gut. Doch mit Sauce sind sie allemal besser. Keine übliche Massenware, die hauptsächlich sehr viel Zucker und Tomatenkonzentrat enthält, und ein Geschmackserlebnis sein will. Nein, wir sprechen von richtiger Sauce, bei der die Alchemie des Kochens ganz bodenständige Zutaten zu einer großartigen Komposition verbindet. Wir lieben den Blick in unseren Vorratsschrank, auf die Regale voll mit köstlichen Saucen, die nur auf ihren großen Auftritt warten.

Jede Sauce ist ein Spiegel ihrer Herkunft, eine Hommage an die Zutaten und die Magie des Kochens. In jeder Sauce steckt eine Geschichte, ein Bezug zur Jahreszeit und ein Lob auf die kulinarische Vielfalt, die dem Gaumen schmeichelt und Gerichte verfeinert.

Pilzsauce etwa fängt das Wesen von Pilzen ein, aufbewahrt für eine spätere Verwendung. Die Chili-Knoblauch-Sauce könnte Ihre Lieblingssauce werden, die gebratenen Reis oder ein Hähnchen aufpeppt. Eine gute Sauce bedeutet: Bestes Aroma, das in eine Flasche abgefüllt ist. Ob sie dazu da ist, ein Gericht beim Kochen zu ergänzen oder nachdem es zubereitet ist – selbst gemachte Sauce darf in keiner Küche fehlen.

ECHTE BRAUNE SAUCE (BROWN SAUCE)

ERGIBT ETWA 2 LITER

Braune Sauce schmeckt wunderbar zu Bacon-Sandwich, Würstchen und eigentlich immer dann, wenn Sie eine Sauce brauchen, die etwas kräftiger schmeckt als Ketchup. Wir machen unsere mit Äpfeln und Pflaumen und das Resultat ist überzeugend.

Sechs oder sieben 300-ml-Flaschen spülen und sterilisieren (siehe Seite 10).

Alle Zutaten gleichzeitig in einem großen Topf langsam unter gelegentlichem Rühren zum Kochen bringen. Die Hitze reduzieren und alles 2 Stunden offen köcheln lassen, bis die Sauce dick und sirupartig ist. Dabei hin und wieder umrühren. Durch eine Flotte Lotte oder ein anderes Passiersieb streichen. Man kann die Sauce auch in der Küchenmaschine pürieren, aber uns gefällt die Textur nach dem Passieren besser.

Wieder auf den Herd stellen, dann so viel Wasser einrühren, dass sich eine schöne Sauce bildet. Sie sollte später gut aus der Flasche fließen, aber nicht zu dünnflüssig sein. Erneut zum Kochen bringen, dann in die vorgewärmten Flaschen füllen. An einem kühlen, dunklen Ort lagern und 6 Wochen ziehen lassen. Selbst nach 2 Jahren schmeckt die Braune Sauce immer noch sehr gut – wenn nicht sogar besser. Nach dem Öffnen im Kühlschrank aufbewahren.

- 1 kg Äpfel, entkernt, geschält und klein geschnitten
- 500 g Pflaumen, geviertelt und entsteint
- 375 g Tamarindenmark ohne Steine
- 1 EL gemahlener Ingwer
- ½ TL frisch geriebene Muskatnuss
- 1 TL gemahlener Piment
- ½ TL Cayennepfeffer
- ½ TL gemahlene Gewürznelken
- 100 g Treacle, alternativ Zuckerrübensirup
- 600 ml Apfelessig aus Cidre
- 500 g brauner Zucker
- 2 EL Salz

NEWLANDS-SAUCE
(Ketchup von Sadies Urgroßmutter)

ERGIBT ETWA 10 LITER

- 1,5 kg Äpfel
- 10 kg Tomaten, grob gehackt
- 1 kg Zwiebeln, geschält und klein geschnitten
- 1 Knoblauchknolle, geschält
- 220 g Salz
- 1,5 Liter Sherry- oder Malzessig
- 30 g gemahlener Ingwer
- 30 g gemahlene Muskatblüte
- 15 g Cayennepfeffer
- 60 g gemahlener Piment
- 60 g gemahlene Gewürznelken
- 2 kg Zucker, nach Belieben

Die Familie meiner Frau Sadie kommt vom Landgut Newlands in West-Viktoria. Annie Macmeikan, ihre Uroma, gab dieses Rezept innerhalb der Famlie weiter und jetzt ist es bei uns auf der Fat Pig Farm. Wir nennen sie „unsere Sauce“, obwohl sie von Jahr zu Jahr immer ein wenig anders ist. Am besten bereiten Sie gleich eine große Portion, damit Sie das ganze Jahr auskommen und auch noch etwas verschenken können.

Verlassen Sie sich auf Ihren Gaumen und würzen Sie entsprechend. Ich vermute, dass heutzutage die Gewürze frischer sind und die Sorten intensiver als zu Großmutters Zeiten, denn wir verwenden immer weniger als angegeben. Aus historischen Gründen und um die Schwiegerfamilie nicht zu brüskieren, habe ich hier die Originalmengen angegeben.

Für 10 Liter Sauce Flaschen und Gläser spülen und sterilisieren (siehe Seite 10).

Die Äpfel schälen und entkernen. Schalen und Kerngehäuse in einen Passierbeutel geben und mit Küchengarn zubinden. Die Äpfel klein schneiden. Apfelstücke, Beutel, Tomaten, Zwiebeln, Knoblauch, Salz und Essig in einen großen Topf geben. Aufkochen, dabei so oft rühren, dass nichts ansetzt, und von allen Gewürzen zunächst die Hälfte zufügen, damit es nicht zu würzig wird. Wir reduzieren zum Beispiel immer die Menge Gewürznelken und würzen am Ende nach, falls nötig. 2 Stunden köcheln lassen, bis alles gar ist und die Sauce beginnt einzudicken.

Den Beutel mit den Apfelresten entsorgen. Die Sauce mit einem Stabmixer gut pürieren, in einen sauberen Topf gießen und kochen, bis sie die gewünschte Konsistenz hat; sie muss dick genug sein, um auf Würstchen zu haften, und flüssig genug, um aus der Flasche zu laufen.

Drei Viertel des Zuckers einrühren und erstmals abschmecken. Im Vergleich zu einer Suppe oder einem Gulasch sollte die Sauce sehr, sehr aromatisch sein, also besonders süß, sauer und salzig. Denken Sie daran, dass sie immer nur einen Klecks davon verwenden werden, das Aroma muss also ausdrucksstark sein. Würzen Sie entsprechend mit den verbliebenen Gewürzen und dem restlichen Zucker nach.

Flaschen und Gläser vorwärmen, damit sie beim Einfüllen der heißen Sauce nicht platzen. Alle Behälter dicht verschließen. Die Sauce hält mindestens ein Jahr, wenn nicht sogar zwei oder drei.

HINWEIS: *Die erforderliche Zucker- und Essigmenge hängt von der Tomatensorte ab. Wir behalten die Essigmenge immer bei, denn Essig konserviert zuverlässig, und passen nur die Zuckermenge an.*

Newlands-Sauce
Rezept Seite 134

Passata
Rezept Seite 138

PASSATA

ERGIBT ETWA 12 LITER

mindestens 20 kg vollreife Tomaten, je aromatischer, umso besser

Passata ist nur frisches Tomatenmark ohne jeden Zusatz. Traditionell wird Passata bei einer Ernteschwemme am Ende des Sommers oder zu Herbstbeginn zubereitet. Und weil wir sie in Flaschen einmachen, brauchen wir nicht dauerhaft Strom zum Tiefkühlen. Und wenn Sie dann im tiefsten Winter eine Flasche öffnen, fließt mit der Passata die Wärme des Sommers mit in das Gericht.

Für 12 Liter Sauce ausreichend Flaschen, möglichst mit breiter Öffnung, spülen und sterilisieren (siehe Seite 10).

Wasser zum Blanchieren in einem großen Topf zum Kochen bringen. Die Tomaten waschen und schlechte Stellen herausschneiden. Zerquetschte Tomaten lieber wegwerfen, dadurch kann die ganze Passata gären und verderben – das wäre zu schade. Die Tomaten kreuzweise einritzen und portionsweise ins kochende Wasser geben, damit die Schalen sich lösen. Bei reifen Tomaten und sprudelnd kochendem Wasser dauert das nur 15–20 Sekunden. Mit einem Schaumlöffel aus dem Wasser heben und in ein Küchensieb geben. Den heraustropfenden Saft auffangen.

Ein bisschen abkühlen lassen. Ich zerdrücke die Tomaten dann ein wenig mit den Händen und lasse sie so ein paar Minuten im Küchensieb abtropfen. Dann gebe ich das Fruchtfleisch in eine Passiermühle oder eine spezielle Tomatenmühle (im Handel auch als Beerenmühle). So wird die

Aus dem Passata-Tag machen wir jedes Mal ein Fest – ein lustiger Familientag, an dem wir den Geschmack des Sommers für das ganze Jahr einfangen.

Schale vom Fruchtfleisch getrennt. Wenn man alles in der Küchenmaschine püriert, beeinträchtigt der Verbleib der Schalen den Geschmack. Wenn Sie jedes Jahr viele Tomaten verarbeiten, lohnt sich die Anschaffung eine Tomatenmühle allemal.

Die dünne Abtropfflüssigkeit benutze ich später am Tag oder bald danach für Suppen. Die dickere Flüssigkeit lagere ich als Passata.

Füllen Sie die Passata am besten in Flaschen mit einer großen Öffnung, Bierflaschen sind aber auch in Ordnung. Man kann im Prinzip auch Basilikumblätter oder Chilischoten zufügen, aber ich mag Passata lieber pur und gebe Aromen erst beim Kochen hinzu. Die Flaschen mit sterilisierten Deckeln verschließen und in einen mit Geschirrtüchern ausgelegten großen Topf geben, damit die Flaschen nicht zu nah an der Hitzequelle sind und platzen. Die Flaschen im Topf vollständig mit Wasser bedecken. Auf hoher Stufe erhitzen, bis das Wasser kocht. Dann einige Stunden pasteurisieren und die Passata einkochen. Die Flaschen ein wenig im Wasser abkühlen lassen, dann an einem kühlen, trockenen Ort lagern. (Weitere Informationen zum Sterilisieren finden Sie auf Seite 10.)

Ich habe Passata schon 2½ Jahre ohne Geschmacksverlust aufbewahrt.

AMERIKANISCHE BARBECUE-SAUCE

ZUM EINREIBEN VON 6 GANZEN SCHWEINERIPPCHEN

Das ist das Familienrezept meiner Frau Sadie für eine amerikanische Barbecue-Sauce, die eher als Marinade verwendet wird und nicht als Würzsauce für die Grillrippchen. Lassen Sie sich von der langen Zutatenliste nicht abschrecken, die meisten Sachen sind überall erhältlich. Falls Sie die doppelte Menge machen wollen, können Sie die Sauce gut einfrieren oder in sterilisierte Flaschen füllen. Ich mag es am liebsten, wenn die Schweinerippchen über Nacht in der Sauce marinieren und dann langsam über schwacher Glut gegrillt werden. Passt auch zu Rinderbrust, die dann langsam in einem Kugelgrill gegart wird.

- 1 EL Olivenöl
- ½ kleine rote Zwiebel, in feine Würfel geschnitten
- 1 TL frisch geriebene Ingwerwurzel
- ½ TL Kreuzkümmelsamen
- 1 TL gemahlener Koriander
- 1 TL Paprikapulver edelsüß
- 1–2 TL Chilipulver
- ½ Zitrone, Kerne entfernt, sehr klein geschnitten
- 2 EL Cidre- oder Weißweinessig
- 60 ml Zitronensaft
- 2 EL brauner Zucker
- 1 TL Senfpulver
- 1 Dose (400 g) gehackte Tomaten
- 1 EL Worcestershire-Sauce (siehe Seite 142), alternativ eine Fertigsauce
- 1 TL Salz
- 1 TL frisch gemahlener schwarzer Pfeffer

Zwei 300-ml-Gläser spülen und sterilisieren (siehe Seite 10).

Das Öl in einer großen, schweren Pfanne auf kleiner Stufe erhitzen und die Zwiebel darin 5 Minuten glasig dünsten. Ingwer, Kreuzkümmel, Koriander, Paprika und Chili zugeben und 5 Minuten weiterbraten, bis die Mischung stark duftet. Die Gewürze dürfen aber nicht verbrennen.

Die übrigen Zutaten zugeben und unter gelegentlichem Rühren 15 Minuten sanft köcheln lassen, ohne dass die Pfanne trocken wird. In dem Fall 1 Esslöffel Wasser zugeben. In die sterilisierten Gläser füllen, dann die Gläser in einem Topf mit Wasser pasteurisieren (siehe Seite 10). Die Sauce hält sich bis zu ein Jahr.

Wird die Sauce zum Marinieren verwendet, dann zunächst das Fleisch darin einlegen und später über kleiner Hitze langsam garen. Dabei immer wieder mit Marinade bestreichen. Außen wird das Fleisch dabei sehr dunkel. Aber Vorsicht, dass der Zucker in der Marinade nicht verbrennt, denn das schmeckt etwas bitter. Innen ist das Fleisch jedoch nach wie vor schön zart, deshalb keine Sorge.

AUSTRALISCHE BARBECUE-SAUCE

ERGIBT ETWA 500 ML

- 500 ml Newlands-Sauce (siehe Seite 134), alternativ guter gekaufter Ketchup
- 2 EL Pilzsauce (siehe Seite 145), falls vorhanden
- 1 TL geräuchertes Paprikapulver
- 2 EL Worcestershire-Sauce (siehe Seite 142), alternativ gekaufte Sauce
- 1 EL Treacle, alternativ Zuckerrübensirup
- 1 TL fein abgeriebene Zitronenschale
- 1 EL Zitronensaft

Diese Barbecue-Sauce ist die Variation eines beliebten australischen Ketchups. Mit dem geräucherten Paprikapulver füge ich gern einen Hauch Raucharoma hinzu. Die herbe Süße des Treacles und die Komplexität der Worcestershire-Sauce runden den Geschmack ab. Eine gute Barbecue-Sauce schmeckt erstaunlich gut auf einem Steak-Sandwich mit nichts mehr als Weißbrot und gebratenen Zwiebelringen.

Eine 500-ml-Flasche oder 2 kleine Flaschen spülen und sterilisieren (siehe Seite 10).

Alle Zutaten mit 100 ml Wasser in einem großen Topf auf hoher Stufe erhitzen, aufkochen, die Hitze reduzieren und 30 Minuten unter gelegentlichem Rühren köcheln lassen, bis die Sauce eindickt. In die sterilisierte Flasche füllen, verschließen und mindestens einen Monat stehen lassen. Sie können Sie aber auch sofort verwenden. Nach dem Öffnen im Kühlschrank aufbewahren.

WORCESTERSHIRE-SAUCE

ERGIBT ETWA 2,5 LITER

Manche sagen, dass Worcestershire-Sauce nur aus Worcestershire kommen darf. Das mag schon sein, aber wie sollen wir unsere Version dieses Klassikers denn sonst nennen? Manche sagen, dass man die Flasche niemals schütteln soll. Manche sagen, dass man die Flasche vor dem Öffnen mindestens ein Jahr im Keller lagern soll (das ist sicherlich ratsam). Andere sagen, sie ist nicht echt, weil sie keine Sardellen enthält. Trotz alledem sagen wir, dass sie in keinem Vorratsschrank fehlen darf, und dies ist eine tolle Version, die man ganz einfach nachkochen kann.

- 1 kg Äpfel, alternativ Pflaumen oder eine Mischung aus beiden
- 2 Knoblauchzehen, geschält
- 1 Zwiebel, geschält
- 250 g Salz
- 4 Liter Apfelessig aus Cidre
- 2 TL gemahlener Piment
- 100 g schwarze Pfefferkörner
- ½ TL gemahlene Gewürznelken
- 2 rote Chilischoten, grob gehackt
- 1 EL Tamarindenmark
- 80 g Zucker
- 350 g Treacle, alternativ Zuckerrübensirup

Acht oder neun 300-ml-Flaschen spülen und sterilisieren (siehe Seite 10).

Die Äpfel (oder Pflaumen) entkernen und mit Knoblauch und Zwiebeln grob in Stücke schneiden. In einen großen Topf geben, mit Wasser bedecken und zum Kochen bringen. Etwa eine Stunde gekochen, bis ein Mus entstanden ist – auch die Zwiebel sollte sehr weich sein. Durch ein feinmaschiges Sieb oder eine Flotte Lotte in eine Schüssel streichen. Den Topf ausspülen und die gesiebte Mischnung mit dem Wasser zurück in den Topf geben.

Salz, Essig, Gewürze, Chili, Tamarinde und Zucker zufügen und auf mittlerer Hitze rühren, bis der Zucker aufgelöst ist. Die Hitze erhöhen und 3 Stunden sprudelnd kochen. Treacle zufügen und 30 Minuten weiterkochen. Durchsieben und in die sterilisierten Flaschen füllen. Wahrscheinlich denken sie, das schmeckt schrecklich und ist ein sinnloses Rezept. Vertrauen Sie mir! Lassen Sie die Sauce 3 Wochen (gern länger) ziehen und Sie halten sich selbst für einen grandiosen Saucenfabrikanten! Diese Sauce hält Jahre und wird immer besser. Nach dem Öffnen im Kühlschrank lagern, damit die Aromen erhalten bleiben.

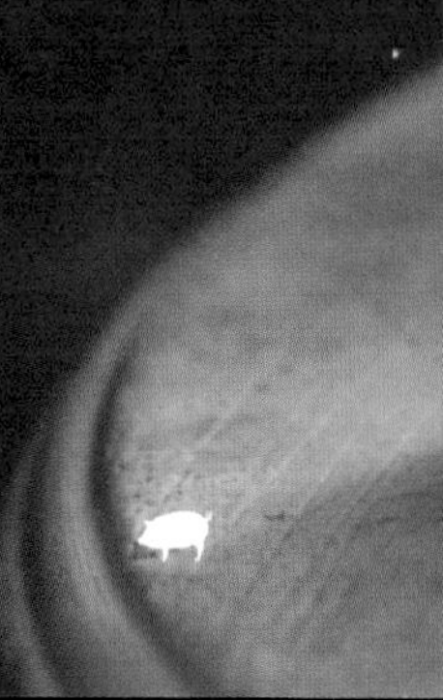

NONNENSAUCE
(Würzige Knoblauch-Sardellen-Sauce)

ERGIBT ETWA 750 ML

Dieses Rezept basiert auf einem Rezept aus Dorothy Hartleys Buch *Food in England* von 1954, das großen Einfluss auf viele Köche und Food-Autoren hatte. In ihrer Version lässt man die Sauce auf der Treppe einer Kapelle stehen, damit jede vorbeigehende Nonne die Sauce schütteln kann. Zu Hause können Sie es ja genauso machen: Vergessen Sie nicht zu schütteln, während die Sauce reift.

- 4 in Salz eingelegte Sardellen, alternativ in Öl eingelegte, grob geschnitten
- 3 sehr scharfe Chilischoten (nach Geschmack), grob gehackt
- 250 ml Sojasauce
- 4 Knoblauchzehen, geschält und zerdrückt
- 3–4 Schalotten, geschält und in Scheiben geschnitten
- 500 ml Weißweinessig
- 1 EL Zucker

Eine 750-ml-Flasche (oder mehrere kleinere) spülen und sterilisieren (siehe Seite 10).

Alle Zutaten in einen nicht-metallenen Behälter füllen (Glas, Kunststoff oder Keramik). Ein großer Krug tut's auch. Abdecken und an einem kühlen Ort (jedoch nicht im Kühlschrank) einen Monat stehen lassen und täglich kurz schütteln oder umrühren.

Nach einem Monat die Sauce kosten. Sie sollte scharf, beißend, salzig und interessant schmecken. Wenn Sie noch nicht soweit ist, dann lassen Sie sie länger stehen. Wenn Sie meinen, dass die Sauce gut ist, in Flaschen gießen. Sie hält sich einige Monate, aber im ersten Monat nach dem Umfüllen ist sie am besten.

PILZSAUCE

ERGIBT ETWA 750 ML

- 1 kg helle Wiesen-Champignons
- 4 Schalotten, geschält und in feine Scheiben geschnitten
- 50 g Salz
- 3 Muskatblütenblätter
- 2 Gewürznelken
- 1 EL schwarze Pfefferkörner
- 1 frisches Lorbeerblatt
- 500 ml Malzessig
- 2½ EL Weinbrand

Das ist ein wunderbares Rezept, um auch große Pilze zu verarbeiten. Bei uns wachsen etwa große Weiße Anis-Champignons direkt an den Pferdekoppeln. Da Champignons ganzjährig im Handel angeboten werden, kann man diese Sauce jederzeit zubereiten. Heraus kommt eine erdige, konzentrierte Würzsauce, die durch den Essig leicht beißend ist. Sie ist aber wunderbar dazu geeignet, um anderen Saucen mehr Gehalt zu verleihen und ein paar Tropfen davon auf gegrillten Zwiebeln grenzen an Magie.

Eine 750-ml-Flasche (oder mehrere kleinere) spülen und sterilisieren (siehe Seite 10).

Die Champignons in feine Scheiben schneiden, in eine große nicht-metallene Schüssel geben und mit Schalotten und Salz vermengen. Über Nacht an einem kühlen Ort stehen lassen. Das Salz entzieht den Pilzen Flüssigkeit.

Den Backofen auf 150 °C vorheizen. Die Pilze samt Lake, Gewürzen, Lorbeer und Essig in eine Auflaufform geben und 1½ Stunden im Ofen garen. Herausnehmen, etwas abkühlen lassen und durch ein Sieb schütten. Den Saft auffangen und die Pilze ausdrücken, damit so viel Saft wie möglich herausfließt. Den Weinbrand unter die Flüssigkeit rühren und die Sauce in die sterilisierte Flasche füllen. Verschließen und das Glas in einen Einkochtopf oder einen anderen hohen Topf auf ein Geschirrtuch stellen. Mit Wasser bedecken und zum Kochen bringen. Zum Pasteurisieren eine Stunde köcheln lassen. (Weitere Informationen zum Pasteurisieren finden Sie auf Seite 10.)

Ungeöffnet und sachgemäß pasteurisiert hält sich diese Zubereitung jahrelang, wird mit der Zeit sogar besser. Nach dem Öffnen im Kühlschrank aufbewahren.

SAMBAL OELEK

ERGIBT ETWA 150 G

Salbal Oelek, oder kurz Sambal, ist eine indonesische Würzsauce auf Chilibasis. Im Grunde genommen besteht sie hauptsächlich aus (idealerweise mit Mörser und Stößel) zerstoßenen Chilischoten und ein wenig Essig und Salz. Die Zubereitung ist quasi idiotensicher. Also nichts wie ran!

- 125 g rote Chilischoten, der Schärfegrad bleibt Ihnen überlassen, aber die Sauce sollte ziemlich scharf sein
- 1 TL Salz (nach Geschmack)
- 1½–2 EL Branntweinessig

Ein kleines Glas spülen und sterilisieren (siehe Seite 10), falls Sie nicht alles innerhalb von 1 bis 2 Tagen aufbrauchen wollen.

Die Chilischoten putzen und das Fruchtfleisch grob hacken. Entweder mit Mörser und Stößel oder in der Küchenmaschine mit der Pulse-Funktion fein zerkleinern, aber nicht pürieren. Dabei das Salz zugeben.

Nach und nach den Essig zufügen, sodass sich alles besser vermischt. Die Menge des Essigs kann variieren, aber am Ende sollten es auf jeden Fall 2 Teelöffel sein.

Das Sambal kann sofort verzehrt werden, wobei ich finde, es gewinnt mit der Zeit. In einem sterilisierten Glas hält es sich mehrere Wochen im Kühlschrank.

SRIRACHA-SAUCE

ERGIBT ETWA 200 G

- 125 g rote Chilischoten, ideal sind scharfe oder eine Mischung aus scharfen und weniger scharfen
- 1 TL Salz, nach Geschmack
- Saft und abgeriebene Schale von 1 Limette
- 1 TL frisch geriebene Ingwerwurzel
- 1 kleine Knoblauchzehe, gerieben
- 1 EL zerkrümelter Palmzucker
- 1–2 EL Branntweinessig

Wer bei Chilisaucen einen etwas komplexeren Geschmack mag, zieht meist die süßere thailändische Sriracha ihrer Schwester Sambal Oelek vor (siehe linke Seite).

Ein kleines Glas spülen und sterilisieren (siehe Seite 10).

Die Chilischoten putzen und das Fruchtfleisch grob hacken. Entweder mit Mörser und Stößel oder in der Küchenmaschine mit der Pulse-Funktion zerkleinern, bis es fein genug ist. Zwischendurch Salz, Limettenschale, Ingwer und Knoblauch zugeben. Wenn die Paste fein genug ist, Palmzucker, Limettensaft und Essig zufügen. Nach Belieben mit mehr Zucker abschmecken.

In ein sterilisiertes Glas füllen und mindestens zwei Wochen vor dem ersten Öffnen im Kühlschrank lagern. Am besten innerhalb von 1–2 Monaten aufbrauchen.

CHILI-KNOBLAUCH-SAUCE

ERGIBT ETWA 2¼ LITER

- 350 ml Olivenöl
- 250 g große rote Chilischoten, grob gehackt
- 2 kg Tomaten, grob gehackt
- 30 Knoblauchzehen, zerdrückt
- 150 g Zucker
- 1 daumengroßes Stück frische Ingwerwurzel, angedrückt
- 350 ml Apfelessig aus Cidre
- 2 EL scharfes geräuchertes Paprikapulver
- 2 EL gelbe Senfsamen
- 1½ EL gemahlene Kurkuma
- 4 EL gemahlener Kreuzkümmel
- 1 EL Salz

Diese fantastische Sauce eignet sich auch als Relish, wenn sie etwas dicker eingekocht wird. Sie ist fast genauso beliebt wie unsere Fat Pig Buns, die wir bei großen Veranstaltungen servieren. Und wir haben so viele Rezeptnachfragen, dass sie hier keinesfalls fehlen darf.

Drei 750-ml-Flaschen spülen und sterilisieren (siehe Seite 10).

Das Olivenöl in einem großen Topf bei geringer Hitze erwärmen und Chilischoten, Tomaten und Knoblauch hineingeben. Einige Minuten dünsten, bis Chili und Knoblauch weich werden und Tomatensaft austritt. Alle übrigen Zutaten zugeben und auf sehr kleiner Stufe 3 Stunden offen köcheln lassen, bis die Sauce eingedickt ist. Gelegentlich rühren, dabei eventuell am Rand Festgekochtes wieder in die Sauce rühren. Wenn sich das Öl an der Oberfläche absetzt, ist es ein Zeichen, dass die Sauce fertig ist. Vom Herd nehmen und mit einem Stabmixer pürieren.

In vorgewärmte Flaschen füllen und verschließen. An einem kühlen, trockenen und dunklen Ort mindestens 2 Wochen ziehen lassen, damit die Aromen sich entfalten. Dann fürs nächste Fest in Quetschflaschen füllen.

FERMENTIERTE CHILI-SAUCE AUS OSTTIMOR

ERGIBT ETWA 600 ML

Diese Sauce fängt die Aromen von Chili ein, und die Gärung verleiht ihr Tiefe. Gärung oder Fermentierung sind Prozesse, die Lebensmittel faulen oder umkommen lassen, daher besteht bei Rezepten wie diesem immer auch die Möglichkeit, dass es misslingt. Es könnte sich Schimmel bilden, die Gärung könnte zu schnell oder zu langsam vonstatten gehen, aber es ist eben die beste Möglichkeit, um eine ausgezeichnete Chilisauce zuzubereiten. Dies ist meine Version einer Sauce, in die ich mich verliebt hatte, als ich zu Beginn des neuen Jahrtausends in Osttimor war.

- 500 g rote Chilischoten
- 3–4 Knoblauchzehen
- 2–3 EL Salz
- 500 ml klarer Essig, zum Beispiel Reisessig
- 1 Basilikumstängel

Chilis und Knoblauch in der Küchenmaschine zu einer Paste zerkleinern (die Samen können ganz bleiben) und in eine nicht-metallene Schüssel oder einen Rührbecher geben. Ein geringer Durchmesser ist hilfreich, da die Chilis oben schnell oxidieren und dann weggeworfen werden müssen. Sollte nur ein breiter Behälter zur Verfügung stehen, kann auch mehr Sauce zubereitet werden. Die Chili-Knoblauch-Mischung mit etwa 2 Esslöffeln Salz bestreuen; die Schicht wird sich bald auflösen. Mit einem Geschirrtuch abdecken (ein Deckel würde den Chilis nicht genug Luft lassen, die sie zum Gären brauchen). Am nächsten Tag prüfen, ob sich oben durch das Salz Flüssigkeit abgesetzt hat. Falls nicht, mehr Salz aufstreuen, um Flüssigkeit zu ziehen. Am nächsten Tag erneut prüfen und, wenn nötig, eine winzige Menge Wasser daraufgeben.

Die besten Saucen im Vorratsschrank haben den komplexesten Geschmack. Bei einigen wird das durch eine lange Zutatenliste erreicht, bei anderen durch Fermentation, und bei fast allen durch Reife.

Die Mischung einen Monat an einem kühlen, dunklen, zugluftfreien Ort (12 °C) stehen lassen. Der Keller ist hervorragend geeignet, der Vorratsschrank geht in Ordnung. Je mehr die Chilis gären, desto stärker wird der Geruch der Mischung, der noch nicht sonderlich verlockend ist. Die Oberfläche auf Schimmelbildung hin prüfen und ein wenig Salz daraufgeben, falls sich zu viel Schimmel gebildet haben sollte. Der Behälter sollte möglichst nicht bewegt werden.

Nach 4 Wochen den Schimmel vollständig entfernen. Oft hat sich ein weißer Schaum gebildet. Mit Küchenpapier allen Schimmel von Behälterrand abwischen, dann die vergorene Paste in eine große Schüssel füllen. Essig und Basilikum zugeben, das Ganze wieder mit einem Tuch abdecken und die Mischung bei Raumtemperatur eine weitere Woche oder zwei stehen lassen.

Die Sauce durch einen Durchschlag (kein Sieb) gießen, sodass noch ein paar Stückchen enthalten sind, und in sterilisierte Gläser füllen (siehe Seite 10). Sie kann sofort verwendet werden, ich lasse sie aber lieber noch 1 Monat ziehen.

Die Sauce schmeckt auch gut, wenn ein wenig Zucker oder Korianderwurzel zugegeben wird. Sie passt wunderbar zu Hähnchen, in Wokgerichten, mit Reis und zu allen Gerichten, die Chilischärfe vertragen.

MINZSAUCE

ERGIBT GUT 250 ML

- 250 ml Malzessig
- 1 TL Sojasauce
- 1 TL Zucker
- 3 EL fein gehackte Minzeblätter

Diese Sauce ist ein Muss zu Schmorgerichten mit Lamm und dabei noch ganz einfach herzustellen. Wenn sie eine Weile im Vorratsschrank steht, wird sie immer besser. Wir mögen einen Hauch Sojasauce dazu, das verleiht dem Original noch mehr Charme. Wir haben auch ein Minzgelee (siehe Seite 71) im Repertoire, falls Ihnen das lieber ist, aber es ist etwas aufwendiger in der Zubereitung.

Ein 250- oder 300-ml-Glas spülen und sterilisieren (siehe Seite 10).

Malzessig, Sojasauce und Zucker in eine Schüssel geben und mit einem Schneebesen rühren, bis der Zucker aufgelöst ist. Die Minze einrühren und in das vorbereitete Glas füllen. Sie können die Sauce sofort genießen, aber sie wird besser, wenn Sie das Glas verschließen zunächst einen Monat ziehen lassen.

KAPITEL SECHS

Curd & Butter

Ein selbst gemachtes Curd oder eine Butter (bitte englisch aussprechen!) sind zwei ausgesprochen feine Zubereitungen. Ich fühle mich wohl und behaglich, wenn ich ein paar Gläser in den Vorratsschrank stelle. Wenn die Hühner reichlich Eier legen und wir etwas Zeit haben, mache ich oft ein ganzes Kilo Curd, wohl wissend, dass wir es selbst nicht aufessen. Deshalb gebe ich immer ein oder zwei Gläser an Freunde weiter, in der leisen Hoffnung auf ein Gegengeschenk. Das geschieht auch ziemlich oft: Wir erhalten im Gegenzug ein anderes Curd, eingemachtes Obst oder eine Einladung zum Tee.

Gekauftes Lemon-Curd oder Apfelbutter reichen an echte, selbst gemachte Produkte nicht im Geringsten heran. Die selbst gemachten Varianten lassen sich noch vielfältiger verwenden als nur als Brotaufstrich. Ich benutze Curds für Desserts mit Baiser, in Trifles und auf Eiscreme. Man kann ein Curd auf einen Mürbeteigboden streichen, mit Blätterteig verarbeiten, in Fruchtcremes oder auf Croissants genießen.

Fast immer findet sich für ein Curd eine Verwendung. Es kostet nicht viel Mühe, ein kleines Glas im Kühlschrank stehen zu haben.

PASSIONSFRUCHT-CURD

ERGIBT KNAPP 750 G

Sollten die Passionsfrüchte ein wenig trocken sein, streichen Sie das Fruchtfleisch durch ein Sieb und geben die Hälfte der Kerne wieder hinzu. So gelangen nicht allzu viele Kerne ins Curd, aber man braucht auch einige für die Optik.

- 250 g Passionsfruchtmark (10–12 Passionsfrüchte), glattgerührt
- fein abgeriebene Schale und Saft von 1 Bio-Zitrone
- 4 Eier, leicht verquirlt
- 150 g Butter
- 200 g feinster Zucker

Drei 250-ml-Gläser spülen und sterilisieren (siehe Seite 10).

Alle Zutaten in eine kleine hitzebeständige Schüssel geben und im Wasserbad unter gelegentlichem Rühren erhitzen. Dann weiterrühren, bis die Mischung leicht eindickt. Dabei darauf achten, dass sich kein Bodensatz bildet. Der Boden ist der heißeste Punkt in der Schüssel, die Hitze soll sich jedoch gleichmäßig verteilen, deshalb muss immer wieder gerührt werden. Es dauert etwa 10 Minuten, bzw. zwischen 5 und 15 Minuten, bis die Masse eindickt.

Beim Abkühlen dickt sie noch weiter ein. In die sterilisierten Gläser füllen und im Kühlschrank aufbewahren. Innerhalb eines Monats aufbrauchen.

APFELBUTTER MIT HONIG & ZIMT

ERGIBT ETWA 1 KG

- 2 kg säuerliche Äpfel, z. B. Cox Orange oder Boskoop
- 2 Zimtstangen
- 1 kg brauner Zucker
- 3 EL Leatherwood-Honig, alternativ Waldhonig

Diesen leckeren Aufstrich kann man auf mehrere Arten herstellen. Manche verzichten auf Zucker, andere fügen tatsächlich Butter hinzu. In dieser Versionen kochen wir Äpfel mit Zucker ein und aromatisieren die Sache mit Leatherwood-Honig, das ist eine Honigspezialität der Tasmanischen Scheinulme. Stattdessen kann man auch aromatischen Waldhonig verwenden. Schmeckt himmlisch auf warmen Brötchen, aber auch zu Pfannkuchen oder als Basis für einen Obstboden.

Vier 250-ml-Gläser spülen und sterilisieren (siehe Seite 10).

Die Äpfel komplett mit Schale und Kernen grob zerkleinern. In einen großen Topf geben und knapp mit Wasser bedecken. Die Zimtstangen hineingeben und auf mittlerer Stufe köcheln lassen, bis die Äpfel sehr weich sind.

Die Zimtstangen entfernen und die Äpfel samt Saft in einer Flotten Lotte passieren. Eine Küchenmaschine ist nicht geeignet, da sie auch die Kerne zerkleinert. Sie können die Äpfel auch durch ein Küchensieb passieren, wenn Sie mehr Geduld haben als ich.

Das Apfelmus in einen sauberen Topf mit schwerem Boden geben. Den Zucker zufügen und auf kleiner Stufe erhitzen. So lange rühren, bis der Zucker aufgelöst ist. Die Hitze soweit reduzieren, dass die Mischung nur ganz leicht kocht. Unter sehr häufigem Rühren 2 Stunden offen köcheln, bis die Mischung dunkel, dick und konfitüreartig ist. Dann den Honig zugeben, nach Geschmack die Menge erhöhen. Die Apfelbutter in die sterilisierten Gläser füllen und verschließen. Sie können sie an einem kühlen, dunklen Ort lagern, am sichersten ist es jedoch im Kühlschrank.

MANDARINEN-ZITRONEN-CURD

ERGIBT ETWA 1 KG

Das ist eine dufte Zubereitung für Mandarinen, wenn sie gerade Saison haben. Sollten sie schwer zu schälen sein, dann 30 Minuten ins Gefrierfach legen.

- 4 Bio-Zitronen
- 2 Mandarinen oder Clementinen
- 8 Eier, leicht verquirlt
- 200 g Butter, in Würfel geschnitten
- 400 g feinster Zucker

Vier 250-ml-Gläser spülen und sterilisieren (siehe Seite 10).

Die Schale der der Zitrusfrüchte mit einem Zestenreißer oder einem Sparschäler mit Sägeklinge (auch als Tomatenschäler im Handel) abziehen und entsaften. Die Kerne entfernen. Sie können den Saft abseihen, was ich aber nicht mache, denn dann wird auch das Fruchtfleisch entfernt.

Alle Zutaten in eine hitzebeständige Schüssel geben. Auf ein Wasserbad mit köchelndem Wasser setzen und unter gelegentlichem Rühren die Butter schmelzen. Etwa 5 Minuten weitererhitzen und darauf achten, dass sich kein Bodensatz bildet. Das Curd sollte schön eindicken. Sollte es klumpig werden, dann kräftig mit dem Schneebesen schlagen, aber nicht zu lange kochen, sonst gerinnt die Butter oder das Ei stockt. Etwas abkühlen lassen, in die sterilisierten Gläser füllen und verschließen.

Im Kühlschrank bis zu einen Monat haltbar. Ein Genuss auf Toast, Früchtebrot sowie unverzichtbar im Key-Lime-Pie.

LEMON-LIME-CURD

ERGIBT ETWA 1 KG

- fein abgeriebene Schale und Saft von 2 Bio-Zitronen
- fein abgeriebene Schale und Saft von 4 Limetten
- 6 Eier, leicht verquirlt
- 300 g Butter
- 200 g feinster Zucker

Dieses Curd ist herrlich buttrig und gleichzeitig säuerlich. Bestreichen Sie einen Mürbeteigboden damit und belegen das Ganze mit frischen Früchten – fertig ist der perfekte Obstkuchen. Oder einfach zum Brunch einen Klecks auf Brioche oder Panettone geben. Am besten bereiten Sie es zu, wenn Limetten günstig zu bekommen sind.

Vier 250-ml-Gläser spülen und sterilisieren (siehe Seite 10).

Alle Zutaten in eine hitzebeständige Schüssel geben. Auf ein Wasserbad mit köchelndem Wasser setzen und unter gelegentlichem Rühren mit einem Holzlöffel die Butter schmelzen. Weiter erhitzen, damit das Curd schön eindickt. Dabei darauf achten, dass sich kein Bodensatz bildet. Der Boden ist der heißeste Punkt in der Schüssel, die Hitze soll sich jedoch gleichmäßig verteilen, deshalb muss immer wieder gerührt werden. Es dauert etwa 10 Minuten, es kann jedoch auch nur 5 Minuten oder 15 Minuten dauern, bis die Masse eindickt.

Etwas abkühlen lassen, in die sterilisierten Gläser füllen und verschließen. Im Kühlschrank bis zu einen Monat haltbar.

MICHELLES SCHWARZE-JOHANNISBEER-CURD

ERGIBT ETWA 750 G

- 250 g Schwarze Johannisbeeren
- 130 g Butter
- 180 g Zucker
- 4 Eier, verquirlt

Dieses duftende Johannisbeer-Curd mit der satten Farbe hat unsere Freundin-Forscherin-Marmeladen-köchin und Stylistin Michelle Crawford perfektioniert. Der klassischen Zitrusvariante ähnelt es nur im Namen, nicht im Aroma. Das Curd kann auch auf Mürbeteig-böden verwendet oder auf's Brot gestrichen werden – bei uns wird es meist direkt aus dem Glas gelöffelt.

Drei 250-ml-Gläser spülen und sterilisieren (siehe Seite 10).

Die Johannisbeeren putzen und mit 1 Esslöffel Wasser in einen Topf geben. Auf mittlerer Stufe erhitzen, bis die Johannisbeeren aufgeplatzt sind und ihren Saft abgegeben haben. Das ist wichtig, denn es soll so viel Saft wie möglich gewonnen werden. Allerdings sollen die Beeren auch nicht zerkochen, sonst schmeckt das Curd fade.

Die Beeren durch ein feines Küchensieb streichen und das Püree auffangen, dabei vorsichtig mit einem Kunststoff-Teigschaber reiben. Bei starkem Druck, erhält man ein Mus, das nicht ideal ist. Man benötigt 100 ml Johannisbeermus.

Butter und Zucker in eine hitzebeständige Schüssel geben und mit einem Schneebesen im Wasserbad rühren, bis der Zucker aufgelöst ist. Das Wasser im Topf nur leicht köcheln lassen, der Boden der Schüssel darf das Wasser nicht berühren.

Die Eier in die Buttermischung rühren, dann das Johannis-beermus. Mit einem Holzlöffel die Mischung ständig rühren und zur Rose abziehen. Das dauert maximal 20 Minuten. Bei Verwendung eines Thermometers: Die Mischung dickt bei 82 °C ein. Durch ein sauberes Sieb streichen und in sterilisierte Gläser füllen. Im Kühlschrank hält sich das Curd bis zu einem Monat.

MANDARINE-HONIG-BUTTER

ERGIBT ETWA 250 G

Dies ist eine tolle Butter, die man immer im Kühlschrank liegen haben sollte, um einen Aufstrich für Pfannkuchen oder Hefeküchlein zu haben.

- 2 feste, große Mandarinen
- 150 g weiche Butter
- 2 EL Puderzucker
- 3 EL Honig oder Ahornsirup

Die Mandarinenschale abreiben und die Früchte entsaften. Manchmal ist es schwierig, die Schale der Mandarinen abzuziehen. Wir verwenden meist eine Sorte namens Honey Murcott, die sehr fest ist. Sollten Sie keine feste Sorte bekommen, legen Sie die Mandarinen 30 Minuten in den Kühlschrank, damit die Schale fest wird. Alternativ die Früchte zunächst entsaften und dann die weiße Haut von der Schale entfernen, dann die Schale in so feine Streifchen schneiden wie möglich. Insgesamt ein Esslöffel voll wird verwendet.

Butter und Puderzucker in der Küchenmaschine hell und cremig aufschlagen. Saft, Schale und Honig zugeben und mit der Pulse-Funktion vermischen. Noch einmal mixen, dann an der Schüsselwand Anhaftendes mit einem Teigschaber nach unten streichen, um eine weiche Butter zu erhalten. Perfektionisten formen aus der Butter eine Rolle, wickeln sie in Folie und frieren die Rolle ein, bis die Butter fest aber nicht ganz hart ist. Nun die Rolle in Scheiben schneiden. Alternativ einen Klecks mit dem Löffel abnehmen und direkt auf dem Pfannkuchen schmelzen lassen.

Die Butter im Kühlschrank aufbewahren und innerhalb von 3 Wochen aufbrauchen.

BRANDY BUTTER
(ideal an Weihnachten)

ERGIBT ETWA 400 G

- 200 g weiche Butter
- 150 g brauner Zucker
- 2 EL kochendes Wasser
- 1 TL fein abgeriebene Bio-Zitronenschale
- 80 ml Weinbrand (Rum schmeckt auch sehr gut)

Brandy-Butter ist nicht nur etwas für das britische Weihnachtsfest, wenn sie als „Hard Sauce" über Christmas-Pudding serviert wird. Ich empfehle die Brandy-Butter auf gegrillten halben Pfirsichen oder geschmolzen auf Apfelpfannkuchen.

Butter und Zucker mit einem Handmixer aufschlagen, bis die Masse hell und schaumig ist. Kochendes Wasser und Zitronenschale einarbeiten, anschließend esslöffelweise den Brandy.

In einem luftdicht verschlossenen Behälter im Kühlschrank aufbewahren. Die Butter kann zu einer Rolle geformt und in Frischhaltefolie eingewickelt werden. Sie kann dann nach Bedarf in Scheiben geschnitten serviert werden. Im Kühlschrank hält sie sich einige Monate, am besten verzehrt man sie jedoch innerhalb eines Monats.

KAPITEL SIEBEN

Sirup, Konzentrat & Limonade

Wir sind große Fans von Limonade. Und von Konzentrat. Und von Sirup, der für jede Art von Dessert verwendet werden kann. Ein Konzentrat für eine Limonade ist die Rettung an einem heißen Sommertag, wenn Kinder und Erwachsene eine Erfrischung brauchen. Pfannkuchen schmecken mit einem Löffel Erdbeersirup immer besser. An langen Winterabenden wird uns von einem würzigen Grog schön warm, der mit unserem selbst gemachten Ginger-Ale-Konzentrat hergestellt ist. Und wer würde eine Johannisbeer-Fenchel-Limonade ablehnen?

Wenn wir in unseren Kühlschrank schauen und einen Rest Rhabarbersirup finden, dann überlegen wir, ob er vielleicht einer Feigentarte den Frischekick geben oder einen Naturjoghurt aromatisieren könnte. Als Getränkebasis eignet er sich allemal. So finden wir für alle Baum- und Feldfrüchte eine vernünftige Verwendung – ebenso wie für den Platz in der Kühltruhe unserer Nachbarn. Und alle Zubereitungen halten sich natürlich viel länger als die frischen Früchte. Doch am allermeisten lieben wir den Anblick des Siruppregals, das Zutaten für unzählige Drinks, Desserts, Brunches und andere Mahlzeiten liefert.

APFELDICKSAFT

ERGIBT ETWA 500 ML

5 Liter naturtrüber Apfelsaft (auch pasteurisiert)

Apfeldicksaft ist eine wunderbare, konzentrierte Form von Apfelsaft, der gleichzeitig sauer und süß ist. In Gegenden, in denen es keine Ahornbäume gibt, wird Apfelsirup gerne als Ersatz für Ahornsirup verwendet. Ahornsirup hat vielleicht mehr Geschmacksnuancen, Apfelsirup hingegen punktet mit seiner Fruchtigkeit und vielen verschiedenen Verwendungsmöglichkeiten. Wir essen ihn auf Pfannkuchen und Eiscreme, gern mit ein paar gerösteten Haselnüssen. Er taugt als Getränkebasis und zum Aromatisieren von Buttercreme für Kuchen – und die Liste lässt sich fortführen. Sie können eine ganze Gewürznelke oder auch zwei zufügen oder eine Zimtstange, um dem Ganzen eine andere Dimension zu verleihen. Pfuscher fügen etwas Zucker hinzu, um den Prozess zu beschleunigen und eine größere Ausbeute zu erzielen, aber wir meinen, dass die reine Süße der Äpfel unverfälscht sein sollte.

Eine 500-ml-Flasche spülen und sterilisieren (siehe Seite 10).

Den Apfelsaft in einen Topf mit möglichst großem Durchmesser gießen, das begünstigt die Verdunstung. Auf hoher Stufe zum Kochen bringen, dann die Temperatur reduzieren und den Saft leise köchelnd auf 10 Prozent des ursprünglichen Volumens einkochen. Dabei hin und wieder mit einem Spatel über den Boden fahren, damit nichts ansetzt. Die Konsistenz, die am Ende herauskommen sollte, ähnelt der von Ahornsirup. Am besten testet man das auf einer Untertasse, die im Kühlschrank gestanden hat, denn heißer Sirup ist immer sehr flüssig.

Wenn der Sirup fertig ist, in die vorgewärmte Flasche füllen und bis zum ersten Öffnen im Vorratsschrank lagern. Danach in den Kühlschrank stellen und bald aufbrauchen.

HIMBEER-PFIRSICH-KONZENTRAT

ERGIBT ETWA 1 LITER

Das Konzentrat ist eine Hommage an den Dessertklassiker Pfirsich Melba. Das Resultat kann zum Frühstück, zu Desserts oder als Basis eines toll aussehenden Getränks verwendet werden.

- 1 Vanilleschote, längs aufgeschlitzt
- 2 Bio-Zitronen
- 1 kg reife Pfirsiche, entsteint und in Spalten geschnitten
- 250 g Himbeeren
- 220 g feinster Zucker

Eine 1-Liter-Flasche oder zwei 500-ml-Flaschen spülen und sterilisieren (siehe Seite 10).

Die Vanilleschote mit 1,5 Liter Wasser in einem sehr großen Topf aufsetzen. Zum Kochen bringen, dann die Hitze reduzieren und 10 Minuten köcheln. Die Vanilleschote herausnehmen. (Sie kann getrocknet und noch für Vanillezucker verwendet werden.)

Die Zitronen auspressen und sowohl Saft als auch Schale aufbewahren.

Das Vanillewasser erneut aufkochen, den Herd ausschalten, dann sofort die Früchte mit der Zitronenschale (aber nicht dem Saft) zugeben. Das Wasser sollte die Früchte knapp bedecken. Bei Bedarf kochendes Wasser zugießen.

Diese Mischung so lange stehen lassen, bis sie vollständig abgekühlt ist, mindestens 2 Stunden. Die Früchte durch ein Sieb in eine große Schüssel abgießen (nicht durchs Sieb pressen), und mit dem Scheebesen den Zitronensaft und anschließend den Zucker einrühren. Da es ein Konzentrat ist, sollte es ziemlich süß und geschmacksintensiv sein, aber nicht unangenehm süß. Das abgetropfte Obst kann zum Frühstücksmüsli oder im Joghurt gegessen werden, obwohl ein Gutteil des Geschmacks im Konzentrat sind.

Den Sirup in die sterilisierte(n) Flasche(n) füllen und bis zu einen Monat im Kühlschrank lagern.

GINGER-ALE-KONZENTRAT

ERGIBT ETWA 400 ML

- 100 g Ingwer
- 4 Bio-Zitronen, abgebürstet
- 2–3 EL Honig
- 3–4 EL Rohrohrzucker

Wir bereiten ein hervorragendes Ginger Ale zu, das wir im Winter als heißen Grog und im Sommer als Erfrischungsgetränk servieren. Wir selbst bauen keinen Ingwer auf unserer Farm an, das überlassen wir den Kollegen aus dem Norden.

Eine 500-ml-Flasche spülen und sterilisieren (siehe Seite 10).

Schmutz und Schale vom Ingwer abkratzen, damit keine Verunreinigungen ins fertige Getränk gelangen. Den Ingwer mit einem Messerrücken etwas zerdrücken oder dicke Stücke grob in Scheiben schneiden. Mit 500 ml Wasser in einen großen Topf geben und zum Kochen bringen. Die Hitze reduzieren und etwa eine Stunde köcheln lassen.

Die Zitronen entsaften, dabei Saft und Schale aufbewahren. Die Schale zum Ingwer in den Topf geben und falls erforderlich mit Wasser bedecken. Erhitzen und 30 Minuten köcheln lassen, dabei darauf achten, das die Zitronenschalen immer mit Wasser bedeckt sind. Notfalls mit einem Teller beschweren und ab zu zu kochendes Wasser zugießen. Vom Herd nehmen und Ingwer und Zitrone mindestens eine Stunde ziehen lassen (gern auch länger), dann den Sud in einen sauberen Topf sieben; die Feststoffe entsorgen. Langsam erhitzen, Honig und Zucker zufügen und rühren, bis der Zucker aufgelöst ist. Den abgeseihten Zitronensaft zugießen und mit Zucker oder Honig abschmecken. Wenn es … nun ja … nach Ingwer und Zitronen schmeckt und nicht zu süß ist, ist es fertig.

Das Konzentrat in die sterilisierte Flasche füllen und verschließen. Bis zu einen Monat im Kühlschrank lagern. Zum Trinken gießen Sie das Konzentrat mit Wasser auf. Im Sommer nehmen wir Sprudelwasser, im Winter Leitungswasser, das wir erhitzen und mit einem Schuss tasmanischem Whisky oder anderem Alkohol aromatisieren.

lemon cordial

ORIGINAL LIMONADE

FÜR 5–6 PERSONEN

- 5 Zitronen, gut abgebürstet
- 250 g feinster Zucker

Das ist ein tolles Erfrischungsgetränk, das mit den süßen Softdrinks der Großkonzerne gar nichts gemein hat.

Die Schale von den Zitronen mit einem Zestenreißer oder Sparschäler dünn abziehen. Keinesfalls darf von der weißen Haut etwas in die Limonade gelangen, sonst wird sie bitter. Wenn es sehr wenig ist, dann geht es gerade noch, aber Kindern schmeckt die Limonade dann meist nicht. Die Zitronen entsaften und die Kerne entfernen.

Die Schale mit 1 Liter Wasser in einen Topf geben und erhitzen, aber nicht zum Kochen bringen. 10 Minuten sanft pochieren, dann den Herd ausschalten und noch 10 Minuten ziehen lassen. Abseihen und mit einem Schneebesen den Zucker einrühren, bis er aufgelöst ist. Falls nötig, noch einmal erhitzen. Vollständig abkühlen lassen, den Zitronensaft zugießen und in den Kühlschrank stellen. Mit Eis oder etwas Wasser für die Kinder servieren – oder mit Sprudelwasser und eventuell etwas Härterem.

BLAUBEER-ZITRONEN-SIRUP MIT MUSKAT

ERGIBT ETWA 1,5 LITER

Diesen Sirup würden Sie bestimmt nicht machen, wenn Sie viel Geld für mehrere kleine Schälchen Blaubeeren bezahlen müssen. Bei uns wachsen sie jedoch in rauen Mengen und zweite Wahl bekommt man oft sehr günstig. Das ist genau die Zeit, in der wir nach weiteren Verwendungsmöglichkeiten suchen, als sie einfach frisch zu naschen. Die Gewürze passen auch gut zu Schwarzen Johannisbeeren, aber sie verhalten sich anders beim Zubereiten, deshalb empfehlen wir das Rezept auf Seite 182.

- 1 kg Blaubeeren
- 3 Bio-Zitronen, Schale mit einem Sparschäler abgezogen, dann entsaftet
- ¼ TL gemahlene Muskatnuss
- 1 frisches Lorbeerblatt
- 500 g feinster Zucker

Drei 500-ml-Flaschen spülen und sterilisieren (siehe Seite 10).

Blaubeeren, Zitronenschale, Muskat und Lorbeerblatt mit 1 Liter Wasser in einen großen Topf geben. Zum Kochen bringen, die Hitze reduzieren und 10 Minuten köcheln lassen, bis die Beeren wirklich weich sind. Zum Abkühlen am besten ein paar Stunden abgedeckt beiseitestellen.

Die Beeren durch ein Sieb passieren, um möglichst viel Aroma, Saft und Fruchtmark zu erhalten. Die Rückstände entsorgen. Mit dem Schneebesen Zucker und Zitronensaft in die Beerenmischung einrühren. Abhängig von den Früchten ist eventuell mehr Zucker nötig. In die sterilisierten Flaschen füllen und bis zum Gebrauch im Kühlschrank lagern, am besten maximal einen Monat. Um den Sirup haltbar zu machen, kann man ihn pasteurisieren (siehe Seite 10), dann normal im Vorratsschrank lagern.

ERDBEER-BASILIKUM-SIRUP

ERGIBT ETWA 1 LITER

- 500 g Erdbeeren
- 5 Basilikumblätter
- 2 Zitronen, abgebürstet
- 300 g feinster Zucker

Was für ein Geschenk der Natur! Wie herrlich, eine Flasche leuchtend roten Erdbeersirup im Kühlschrank zu finden, der nur darauf wartet, auf einer Waffel zu glänzen. Dieser Sirup mit dem extravaganten Basilikumaroma verlängert die Erdbeersaison auf die angenehmste Art.

Mehrere kleine Flaschen, die zusammen 1 Liter ergeben, spülen und sterilisieren (siehe Seite 10).

Die Erdbeeren putzen und halbieren. Mit den Basilikumblättern in eine große, hitzebeständige Schüssel geben. Die Zitronen entsaften, den Saft beiseitestellen und die Schalenhälften mit in die Schüssel geben.

1 Liter Wasser aufkochen und sofort über die Erdbeeren gießen. Eine Stunde ziehen lassen, oder so lange, bis das Wasser abgekühlt ist. Die Erdbeeren in ein Küchensieb über einer Schüssel geben und ohne Druck abtropfen lassen. Ideal ist ein Spitzsieb, das die Schwerkraft begünstigt. Auf diese Weise erhalten Sie einen schönen roten Sirup, der nicht trüb ist.

Zucker und Zitronensaft mit einem Schneebesen einrühren und abschmecken. Es sollte ein konzentriertes Erdbeeraroma vorherrschen. In die sterilisierten Flaschen gießen und im Kühlschrank bis zu 3 Monate lagern. Der Sirup schmeckt herrlich über Eiscreme (sogar Weißer-Pfeffer-Eiscreme), auf Pfannkuchen und in Quark oder Joghurt. Als Getränk im Verhältnis 1:3 mit Sprudelwasser verdünnen.

RHABARBERSIRUP MIT BOTANICALS

(schmeckt mit Gin … oder Quark)

ERGIBT CA. 1 LITER

Das Zusammenspiel von Rhabarber und Gewürzen muss man einfach lieben. Geben Sie einen Schuss Gin dazu und Sie beenden Ihren Tag auf herrliche Weise. Unverdünnt geben Sie den Sirup in Mascarpone oder Quark. Oder Sie verwandeln ihn in eine schwere Granita, indem Sie während des Gefrierens das Gefäß mehrmals aus dem Eisfach holen und durchrühren.

- 10 Wacholderbeeren, leicht zerstoßen
- ½ TL Koriandersamen
- 2 Muskatblütenblätter
- 500 g Rhabarber, geputzt
- 2 Bio-Zitronen, abgebürstet
- 250 g Demerara-Zucker oder Rohrohrzucker

Mehrere kleine Flaschen, die zusammen 1 Liter ergeben, spülen und sterilisieren (siehe Seite 10).

1 Liter Wasser in einem mittelgroßen Topf auf hoher Stufe erhitzen und Wacholder, Koriander und Muskatblüten hineingeben. Aufkochen, dann die Hitze reduzieren und 10 Minuten köcheln lassen. Vom Herd nehmen und die Gewürze ziehen lassen.

Den Rhabarber mit einem Messerrücken andrücken, dann in 2-cm-Stücke schneiden. Den Rhabarber in eine ausreichend große Auflaufform geben, in die auch die Zitronen und das Würzwasser passen. Die Zitronen entsaften, den Saft beiseitestellen, dann die leeren Zitronenschalenhälften zum Rhabarber geben. Das Würzwasser erneut aufkochen und über die Rhabarbermischung gießen. Ein paar Stunden ziehen lassen, bis sie abgekühlt ist, damit die Aromen von Rhabarber und Zitrone sich entfalten können.

Alles durch ein Sieb gießen. Den Saft auffangen, die Feststoffe ohne sie auszudrücken wegwerfen. Den Zitronensaft zum Rhabarbersaft gießen und den Zucker einrühren. Probieren, ob die Süße stimmt, gegebenenfalls nachsüßen.

In die sterilisierten Flaschen füllen und verschließen. Im Kühlschrank bis zu einem Monat haltbar. Mit etwas Gin, Sprudelwasser und Eiswürfeln wird daraus ein toller Drink. Alternativ genießen Sie den Sirup zu einem Vanilledessert.

SIRUP FÜR LEMON BARLEY WATER

ERGIBT ETWA 1 LITER

- 100 g Perlgraupen, abgespült und abgetropft
- 40 g Zuckerwürfel (ca. 8 Würfel, sollten Sie keine Würfel haben, nehmen Sie normalen Zucker und die fein abgeriebene Schale von ½ Zitrone)
- 3 Bio-Zitronen, heiß abgespült und abgetrocknet
- einige Spritzer Weinbrand (nach Belieben)

Einige Dinge gehören scheinbar in eine andere Zeit, als die Farbe Weiß ein Synonym für Tennis war und jeden Sonntag ein Braten auf dem Tisch kam. Bei einigen Dingen lohnt es sich, sie wiederzubeleben, etwa Gerstenwasser, das eins der belebendsten Getränke ist und niemals in Vergessenheit geraten sollte. Hier ist unsere Version von der Fat Pig Farm. Mit Zuckerwürfeln gelingt das Wasser wirklich am besten! Ansonsten sollten Sie etwas abgeriebene Zitronenschale zugeben, die Sie vor dem Abfüllen in Flaschen wieder abseihen.

Mehrere kleine Flaschen, die zusammen 1 Liter ergeben, spülen und sterilisieren (siehe Seite 10).

Die Graupen mit 1 Liter Wasser in einem großen Topf auf hoher Stufe zum Kochen bringen. Die Hitze reduzieren und 20 Minuten köcheln lasen. Die Graupen mit einem Küchensieb abgießen, dabei die Flüssigkeit auffangen. Die Graupen können noch in einer Suppe verwendet werden.

Die Zuckerwürfel kräftig über die Schale der Zitronen reiben, dabei mit jeder einzelnen Würfelseite die Öle herausschmirgeln. Der Zucker verändert dabei seine Farbe. Dann die Würfel ins Gerstenwasser geben. Während des Reibens kann der Zucker sich etwas auflösen, in dem Fall zum Schluss die Zitronen ins Gerstenwasser tauchen und so Zucker- und Ölreste abspülen.

Die Zitronen halbieren und auspressen, den Saft zum Gerstenwasser gießen. Gut rühren und den Weinbrand, falls verwendet, zugeben. In die sterilisierten Flaschen füllen. Abkühlen lassen, dann bis zu einem Monat im Kühlschrank lagern. Im Sommer mit eiskaltem Wasser verdünnen, im Winter mit kochendem Wasser für einen leckeren Grog.

JOHANNISBEER-FENCHEL-SIRUP

ERGIBT ETWA 1 LITER

Ich benutze für diesen Sirup Fenchelsamen, aber Süßholz ist dafür noch besser geeignet. Wenn Sie das anisähnliche Aroma von Fenchel nicht so gern mögen, dann geben Sie stattdessen 2 frische Lorbeerblätter und 1 Teelöffel Piment während des Kochens zu den Beeren.

500 g Schwarze Johannisbeeren
2 TL Fenchelsamen, trocken geröstet
2 Streifen Zitronenschale (mit einem Sparschäler abgezogen)
250 g feinster Zucker

Mehrere kleine Flaschen, die zusammen 1 Liter ergeben, spülen und sterilisieren (siehe Seite 10).

Die Johannisbeeren abspülen und in einen mittelgroßen Topf geben. 1 Liter Wasser zugießen. Fenchelsamen sowie Zitronenschale zufügen und alles bei sehr starker Hitze zum Kochen bringen. Die Hitze reduzieren und 30 Minuten köcheln lassen, dann den Zucker zugeben. Rühren, bis dieser aufgelöst ist, dann den Sirup durch ein Sieb gießen, ohne das Fruchtfleisch zu passieren, sonst wird der Sirup trüb.

Den Sirup in die sterilisierten Flaschen füllen und im Kühlschrank lagern.

Liquorice

STACHELBEER-SAUERKIRSCH-SIRUP

ERGIBT ETWA 2 LITER

- 500 g Stachelbeeren
- 500 g Sauerkirschen
- 400 g feinster Zucker

Die saftigen Stachelbeeren sind mit etwas Kirscharoma noch köstlicher, besonders mit dem leichten Mandelgeschmack der Sauerkirschen. Süßkirschen funktionieren in diesem Rezept fast ebensogut. Für das gewisse Etwas verwenden wir in diesem Sirup Schattenmorellen.

Mehrere kleine Flaschen, die zusammen 2 Liter ergeben, spülen und sterilisieren (siehe Seite 10).

Stachelbeeren und Kirschen auslesen: Stiele und beschädigte Früchte entfernen. Gut abspülen und in einen großen Topf geben. So viel Wasser einfüllen, dass die Früchte knapp bedeckt sind. Den Zucker zufügen auf auf hoher Stufe zum Kochen bringen. Die Hitze reduzieren und 10 Minuten köcheln lassen. Dann vom Herd nehmen und die Früchte durch ein Sieb passieren. Die Feststoffe entsorgen, Saft und Fruchtfleisch aufbewahren. Die Süße prüfen; der Zucker sollte die Säure der Stachelbeeren ausbalancieren. In die sterilisierten Gläser füllen und in den Kühlschrank stellen. Pasteurisiert (siehe Seite 10) hält sich der Sirup bis zu einem Jahr im Vorratsschrank. Nach dem ersten Öffnen in den Kühlschrank stellen.

Genießen Sie den Sirup zu Waffeln, auf Crêpes, in Getränken, zu Obstsalat, in Milchshakes oder versüßen Sie einen Trifle mit diesen sommerlichen Aromen.

KAPITEL ACHT

Getrocknetes, Kandiertes & Pasten

NET CONTENTS
CONTAINER

Geräuchertes Apfelkonfekt

Rezept Seite 191

Sie brauchen Pilze nicht selbst zu trocknen. Sie müssen auch keine eigenen Fruchtpasten herstellen. Genaugenommen brauchen Sie auch keine Konfitüre einzukochen oder eigene Saucen herzustellen. Aber wenn Sie Zeit, frische Zutaten und ein bisschen Ehrgeiz besitzen, dann sind diese Rezepte genau das Richtige für Sie.

Mit einem gut sortierten Vorratsschrank oder Kühlschrank können Sie fast alle Gerichte verfeinern. Ihr Stollen spielt mit den selbst kandierten Zitrusschalen sofort in einer höheren Liga. Eine Quarkspeise erhält durch gewürfelten kandierten Kürbis den besonderen Kick und nach einem Dinner macht das Quittenkonfekt konventionellen Pralinen den Platz streitig. Und Ihre Käseplatte wird neidische Blicke auf sich ziehen, wenn Sie geräucherte Apfelpaste statt der üblichen Trauben dazu servieren.

FÜNF-GEWÜRZE-BIRNENKONFEKT

ERGIBT ETWA 1,5 KG

Dieses Konfekt ist eine gute Alternative zu Quittenbrot. Es ist süß und auch irgendwie herzhaft. Schon ein kleines Stück wird Sie überzeugen. Ohne das Fünf-Gewürze-Pulver ist es der perfekte Begleiter für Blauschimmelkäse. Mit dem Gewürz bildet das Konfekt eher mit Ziegenkäse oder Hartkäse wie Parmesan ein Paar.

- 3 kg reife Birnen
- 900 g Zucker
- abgeriebene Schale und Saft von 1 Bio-Zitrone
- 1 TL chinesisches Fünf-Gewürze-Pulver

Die Birnen putzen und grob in Stücke schneiden. In einen Topf geben und 1 Liter Wasser zufügen. Zum Kochen bringen und saft köcheln lassen.

Die Früchte durch eine Flotte Lotte oder ein Sieb passieren. Das Püree mit dem Zucker in einen Topf mit schwerem Boden geben und auf mittlerer Stufe erhitzen und rühren, bis der Zucker aufgelöst ist. Die Hitze reduzieren und Zitronenschale und -saft sowie Fünf-Gewürze-Pulver einrühren. So lange rühren, bis die Mischung gut eingedickt ist, das kann je nach Topf und Birnensorte 1–2 Stunden dauern. Die optimale Konsistenz ist erreicht, wenn der Löffel beim Rühren eine Spur hinterlässt.

Inzwischen eine 20 x 30 cm große Backform mit Rand mit Backpapier auslegen oder einfetten. Die Mischung in die vorbereitete Form geben und die Oberfläche mit einem eingeölten Teigschaber glatt streichen. Über Nacht abkühlen lassen.

Zum Servieren die Masse aus der Form stürzen und in konfektgroße Stücke schneiden. In Backpapier eingewickelt und in einem luftdicht verschlossenen Behälter 3–4 Monate haltbar.

GERÄUCHERTES APFELKONFEKT

ERGIBT ETWA 1,5 KG

- 2 kg Äpfel, eine Mischung aus süßen und sauren Sorten
- 900 g Zucker
- 1 gute Handvoll Räucherchips (aus dem Baumarkt)
- Walnussöl zum Einfetten

Durch das leichte Raucharoma erhält dieses klassische Apfelkonfekt ein köstliches, geschmeidiges, pfiffiges Aroma.

Die Äpfel waschen, grob in Stücke schneiden und inklusive Schale und Kerngehäuse in einen großen Topf geben. 1 Liter Wasser zugießen und abdecken. Auf hoher Stufe zum Kochen bringen, dann die Hitze reduzieren und köcheln lassen, bis die Äpfel sehr weich sind. Durch die Flotte Lotte oder – wenn Sie stark genug sind – durch ein feines Sieb passieren. Nicht in der Küchenmaschine pürieren, da die Kerne, wenn sie zerstoßen werden, das feine Aroma beeinträchtigen würden. Die Masse in einem Topf mit schwerem Boden auf den Herd stellen und den Zucker zufügen. Auf mittlerer Stufe zum Kochen bringen, die Hitze reduzieren, köcheln lassen und rühren, rühren, rühren, bis die Masse dick, dunkel und zäh wie Karamell ist. Lassen Sie den Topf nie für längere Zeit aus den Augen, man sollte regelmäßig rühren. Ansonsten den Topf vom Herd nehmen und wieder rühren. Ich mag diese Arbeit, wenn ich mich sowieso länger in der Küche aufhalte. Rühren Sie so lange, bis die Masse so dick ist, dass der durchgezogene Löffel oder Spatel eine sichtbare Spur hinterlässt, die sich nur langsam wieder schließt.

Zwischendurch eine 20 x 30 cm große Backform mit Walnussöl einfetten. Die Mischung einfüllen, glatt streichen und fest werden lassen.

Nun geht's ans Räuchern: Die Chips in einen sehr großen Metallbräter stapeln und darüber ein Rost legen. Die Apfelbrotplatte aus der Backform lösen und aufs Rost legen. Den Bräter genau über den Chips sehr stark erhitzen – mit Gas klappt das am besten. Wenn die Chips beginnen zu räuchern, den kompletten Bräter in Alufolie einwickeln. 5 Minuten räuchern, bis das Raucharoma stark genug ist.

GETROCKNETE ZITRUSSCHALE

Getrocknete Schale kann man für alle möglichen Gerichte verwenden, von süß bis herzhaft. Oft wird sie einfach weggeworfen, wenn man das Fruchtfleisch isst oder den Saft auspresst, wobei ein bisschen Trocknen Extraaroma für viele Monate liefert.

Jede Zitrusfrucht eignet sich dafür: Zitrone, Orange, Mandarine oder Grapefruit. Selbstverständlich sind – auch in allen anderen Rezepten – nur ungewachste Früchte in Bio-Qualität geeignet.

Die Früchte heiß abwaschen, um Schmutz oder Aufkleberreste zu entfernen. Mit einem scharfen Messer oder einem Sparschäler die Schale entfernen. Die Stücke mit einer Nadel auf Nähgarn oder Zwirn auffädeln. Einige Tage an einem warmen Ort zum Trocknen aufhängen. Über dem Herd ist ein guter Platz, insbesondere, wenn Sie viel backen, ansonsten in der Nähe der Heizung. Alternativ verteilen Sie die Schalenstücke auf einem Backblech und lassen sie über Nacht im 60 °C heißen Backofen trocknen. Wenn Sie am nächsten Morgen noch etwas weich ist, lassen Sie sie noch ein paar Stunden im Ofen. Wenn die Schale recht hart wird, ist sie ausreichend trocken.

In der Küche hängen lassen oder in ein Glas füllen und bei Bedarf verwenden. Zitrusschale ist ein Gewinn in herzhaften Rindfleischeintöpfen. Getrocknete Mandarinenschale, kombiniert mit Sternanis, bereichert für chinesische Gerichte. Die Schale kann auch in einer Gewürzmühle gemahlen werden, sodass sie immer etwas zum Bestreuen von Kuchen, Joghurt und Salat haben.

QUITTENKONFEKT

ERGIBT ETWA 1,2 KG

- 4 große Quitten, etwa 1,4 kg
- 700 g feinster Zucker, plus etwas mehr zum Bestreuen

Da Quitten roh schier ungenießbar sind, sich also fast nur für Gelee eignen, wurden sie wohl von Äpfeln und Birnen verdrängt. Unsere sparsamen Großmütter haben sich sogar für den Trester, der beim Geleekochen übrig bleibt, noch etwas Gutes überlegt: Quittenbrot. Schneidet man es in kleine Happen und wälzt diese in Zucker, erhält man ein ballaststoffreiches, köstliches Konfekt. In diesem Rezept werden die ganzen Quitten verwendet.

Den Backofen auf 180 °C vorheizen.

Die Quitten im Ganzen und mit Schale auf ein Backblech legen, mit Alufolie abdecken und backen, bis sie weich sind. Das dauert gut eine Stunde. Die Quitten grob zerdrücken und durch eine Flotte Lotte oder ein feines Sieb passieren. Die Feststoffe entsorgen.

Das Quittenfruchfleisch und den Zucker in einen Topf mit schwerem Boden geben und auf mittlerer Stufe erhitzen. Rühren, bis der Zucker aufgelöst ist, dann bei niedriger Temperatur unter häufigem Rühren weiterköcheln, bis die Masse dunkelrot und zäh ist. In eine leicht geölte quadratische Form mit 22 cm Seitenlänge geben und die Oberfläche mit einem geölten Teigschaber glatt streichen. Über Nacht stehen lassen. Die Platte in kleine Happen schneiden und diese in Zucker wenden. Das Konfekt hält sich in einem luftdicht verschlossenen Behälter mehrere Wochen.

ZWETSCHGENMUS

ERGIBT ETWA 2,5 KG

2 kg Zwetschgen

1 kg Zucker

Zwetschgenmus hat eine lange Tradition. Man kann es auch mit verschiedenen Gewürzen wie Zimt, Nelkenpulver, gemahlenem Kardamom oder Lebkuchengewürz aromatisieren – nicht nur für die Weihnachtszeit.

Fünf oder sechs 300-ml-Gläser spülen und sterilisieren (siehe Seite 10). Den Backofen auf 150 °C vorheizen.

Die Zwetschgen in einen gusseisernen Topf mit dicht aufliegendem Deckel geben. Etwa eine Stunde im Ofen backen, bis der Saft aus den Früchten ausgetreten ist und die Steine freiliegen. Früchte und Saft durch ein Sieb passieren. Einige Steine aufbewahren und aufknacken, um die Kerne herauszunehmen; diese zum Fruchtfleisch geben. Das ist zwar eine Fleißarbeit, aber sie geben dem Zwetschgenmus ein spezielles Mandelaroma. Das Mus gelingt jedoch auch ohne dieses Aroma.

Das Fruchtfleisch mit Saft abwiegen und in einen Topf mit schwerem Boden füllen. Pro 100 g Frucht 75 g Zucker zufügen. Alles auf mittlerer Stufe unter häufigem Rühren zum Kochen bringen. Sollte es zu sehr brodeln, die Hitze reduzieren. 40–50 Minuten köcheln lassen, dann die Gelierprobe machen (siehe Seite 18).

Das Mus in Gläser füllen. Am besten vor der Verwendung 6 Monate lagern. Wenn das Mus sich langsam von den Seiten des Glases löst, ist es genau richtig.

GETROCKNETE PILZE

ERGIBT ETWA 100 G

1 kg Pilze, geputzt und in 4 mm dicke Scheiben geschnitten

Am zuverlässigsten trocknet man Pilze in einem Dörrautomaten (Dehydrator). Aber auch ohne dieses Gerät können Sie Obst und Pilze ohne viel Aufwand trocknen – und es lohnt sich. Getrocknete Pilze haben einen intensiven, nahezu urzeitlichen Charakter, der nichts mit frischen Pilzen zu tun hat. Wir trocknen am liebsten selbst gesammelte Wildpilze, nur keine Edel-Reizker, die wollen nicht trocknen. Man kann aber auch problemlos gekaufte Champignons oder andere Pilze trocknen und beste Resultate erzielen.

Die Pilze auf Küchenpapier ausbreiten und 1–2 Stunden in die Sonne legen. Alle 30 Minuten wenden, das verbessert das Ergebnis. Das können Sie auch in einem auf knapp unter 100 °C vorgeheizten Backofen machen. Dann allerdings die Pilze auf einen Rost legen, nicht auf Küchenpapier.

Wenn die Pilze angetrocknet sind, auf einen Rost legen und diesen an einen warmen, leicht sonnigen Ort stellen. Alle paar Stunden überprüfen, dass sie nicht aneinanderkleben.

Wenn Sie denken, die Pilze seien getrocknet, sie fast zu einem Nichts geschrumpft, dunkel und sehr fest sind, sind sie aber noch nicht fertig! Lassen Sie die Pilze dann noch ein oder zwei weitere Tage trocknen. Ansonsten schimmeln sie möglicherweise im Glas. Ich empfehle, die Pilze nur dann in einem luftdichten Behälter aufzubewahren, wenn etwas beiliegt, um die Feuchtigkeit aufzusaugen (lebensmitteltaugliche Silica-Gel-Päckchen), bis sie wirklich, wirklich trocken sind. Es ist ratsam, einen nicht absolut luftdichten Behälter zu verwenden.

Wenn die Pilze komplett trocken sind, halten sie etwa ein Jahr.

KANDIERTE ZITRUSSCHALE

ERGIBT ETWA 500 G

Zitrusschalen – am weitestens verbreitet sind Orange und Zitrone, aber auch Mandarine, Limette, Pomelo und Grapefruit – haben ein schönes Aroma durch die enthaltenen ätherischen Öle. Gerät jedoch die weiße Haut dazu, dann kann die Schale bitter schmecken. Wir blanchieren die Schale, um die Bitterstoffe zu neutralisieren, bevor wir dann die Schale kandieren, um sie in Süßspeisen zu verwenden.

- 500 g Zitrusschale, die z. B. anfällt, wenn Sie Sirup eingekocht haben
- 250 g Zucker

Die Zitrusschale in einen mittelgroßen Topf geben. Kaltes Wasser zugießen, bis die Schalen bedeckt sind und alles auf hoher Stufe erhitzen. Sobald das Wasser kocht, abgießen und die Schale mit frischem kaltem Wasser bedecken und den Vorgang (Blanchieren genannt) wiederholen. Insgesamt fünfmal blanchieren.

Nach dem letzten Durchgang 300 ml Wasser in einen sauberen Topf geben. Den Zucker zufügen und zum Kochen bringen. Die Zitrusschale hineinlegen und eine Stunde sanft köcheln lassen, bis die Schale durchsichtig ist.

Die Schale abgießen und auf einem Rost gut abtropfen lassen. Sobald sie vollständig abgekühlt ist, in einem luftdicht verschlossenen Behälter im Kühlschrank lagern.

KANDIERTER KÜRBIS

ERGIBT ETWA 1 KG

- 1 kg geschälter und geputzer Kürbis, z. B. Butternut oder Hokkaido
- 500 g Zucker
- Saft von 1 Zitrone

Kandierter Kürbis ist eine wunderbare Zutat für Früchtebrot. Sogar Menschen, die eine Abneigung gegen kandierte Zitrusschalen haben (was ich selbst nicht nachvollziehen kann), mögen den Geschmack und die Textur von kandiertem Kürbis. In Italien, insbesondere in Sizilien, wird Kürbis in verschiedenen Süßspeisen wie Cassata und Gebäck wie Panettone verarbeitet. Und im Nahen Osten wird kandierter Kürbis in Stücken als Dessert gereicht. Hier kommt unsere Version, die Sie beliebig verändern können, indem Sie beispielsweise eine Zimtstange mitkochen.

Drei 500-ml-Gläser spülen und sterilisieren (siehe Seite 10).

Den Kürbis in Stücke schneiden, die nicht dicker als 2 cm sind. In eine Schüssel geben, mit dem Zucker bestreuen und mindestens 6 Stunden, besser über Nacht, ziehen lassen.

Am nächsten Tag hat der Kürbis ausreichnend Flüssigkeit gezogen, sodass kein zusätzliches Wasser benötigt wird. Den Kürbis samt Saft in einen Topf geben und langsam erhitzen, sodass noch vorhandene Zuckerkristalle sich auflösen. Etwa 25 Minuten kochen, dabei die Stücke hin und wieder wenden, wenn sie nicht vollständig in der Flüssigkeit liegen. Abkühlen lassen, abdecken und über Nacht auf der Küchenbank stehen lassen. Am nächsten Tag wieder erhitzen, wenden und 10 Minuten kochen. Der Kürbis kann nun in die sterilisierten Gläser gefüllt werden. Im Kühlschrank aufbewahren.

REGISTER

V / W

Z

DANKSAGUNG

Auf dem Cover steht mein Name, aber das Buch ist eine Gemeinschaftsproduktion von allen Mitarbeitern der Fat Pig Farm, die konservieren, was um uns herum – auf der Farm oder wild – wächst. Wir führen so die Tradition von Gärtnern, Dosen- und Flaschenabfüllern, Passatazubereitern und Einweckern früherer Generationen fort.

Ich fühle mich dem Boden des Huon Valley verbunden sowie den Menschen, die ihn kultivieren, unter ihnen insbesondere Jonathan Cooper und Phil O'Donnell, die den Boden der Fat Pig Farm mit Hacke und Spaten bearbeiten, Samen ausbringen und reiche Ernte einfahren.

Die wunderschönen Fotos sind das Resultat einer zwei Jahrzehnte andauernden Freundschaft und Zusammenarbeit mit Alan Benson, der die alltäglichen Dinge, die wir lieben und genießen, in vortrefflicher Art und Weise für dieses Buchs festgehalten hat.

Kellie McChesney hat das Konfitürekochen mit Elan und Begeisterung übernommen und Rezepttexte in farbenfroh gefüllte Weckgläser verwandelt, die nun unseren Vorratsschrank füllen und zieren.

Dieses Buch wäre ohne die Unterstützung, das Wissen und den unermüdlichen Einsatz von Michelle Crawford nicht möglich gewesen. Wir haben ihre Küche eingenommen, ihre Rezepte durchwühlt, ihr Wissen ausgenutzt und uns immer wieder von ihrem Enthusiasmus für das Projekt mitreißen lassen. Alle Daumen hoch für dich! Ich schulde dir wenigstens ein oder zwei Einladungen zum Abendessen. Als Gast natürlich – nicht als Köchin … diesmal.

Ich bin höchst erfreut darüber, dass Sue Hines von Murdoch Books an einem weiteren Kochbuch von mir Interesse hatte. Ein Dank an die Herausgeberin Jane Morrow. Ja, ich habe es geschafft, das Manuskript vor Weihnachten abzugeben. Glücklicherweise war nicht ganz klar, welches Weihnachten.

Ich bedanke mich wieder bei den super-duper Lektorinnen Barbara McClenahan, Crace Campbell und Melody Lord für Ihre Unterstützung bei der richtigen Wortwahl. Mein ganzer Respekt gilt Dan Peterson und Jacqui Porter für das wunderschöne Layout, das dem Buch einen Mehrwert schenkt, der über die Kombination von Text und Fotos weit hinausgeht.

Und schließlich danke ich meiner Familie, Sadie und Hedley, die mir die langen, schweren Tage erleichtert haben, und die aus einem Toast mit Johannisbeer-Curd ein Festmahl machen können. Meiner kleinen Familie, die mit mir das etwas ungewöhnliche Leben auf der Fat Pig Farm teilt, schulde ich unendlich viel. Vielleicht kann ich es mit Konfitüre gutmachen?

Edel Books
Ein Verlag der Edel Germany GmbH

Erstveröffentlichung der Originalausgabe unter dem Titel „Not just Jam“

Murdoch Books Australia
83 Alexander Street
Crows Nest NSW 2065
Phone: +61 (0) 2 8425 0100
Fax: +61 (0) 2 9906 2218
murdochbooks.com.au
info@murdochbooks.com.au

Murdoch Books UK
Ormond House
26–27 Boswell Street
London WC1N 3JZ
Phone: +44 (0) 20 8785 5995
murdochbooks.co.uk
info@murdochbooks.co.uk

Projektkoordination der deutschen Ausgabe: Julia Sommer
Übersetzung: Antje Seidel, Köln
Satz und Redaktion: trans texas publishing services, Köln
Lektorat: Anna Loll, Köln
Umschlaggestaltung: Groothuis. Gesellschaft für Ideen und Passionen mbH | www.groothuis.de

ISBN 978-3-8419-0514-7

Printed by 1010 Printing International Limited, China

WICHTIG: Aufgrund von Salmonellengefahr sollten ältere Menschen, Schwangere, Kleinkinder und Personen, die unter einer Immunschwäche leiden, einen Arzt aufsuchen, wenn sie Bedenken beim Verzehr von rohen Eiern haben.

HERD/BACKOFEN: Die angegebenen Zeiten können je nach Modell und Kochgeschirr variieren. Besitzer von Umluftherden sollten die in den Rezepten angegebene Temperatur um 20 °C reduzieren.

MENGEN: Unsere Esslöffel fassen 20 ml (4 Teelöffel). Wenn Sie einen 15-ml-Esslöffel verwenden, fügen Sie jeweils noch 1 Teelöffel hinzu.